苏逾辉　孟奂　李小博　胡西良 ◎ 著

赳赳武夫　公侯干城
——东周时期的近卫制度

四川大学出版社
SICHUAN UNIVERSITY PRESS

图书在版编目（CIP）数据

赳赳武夫　公侯干城：东周时期的近卫制度 / 苏逾辉等著. — 成都：四川大学出版社，2023.11
ISBN 978-7-5690-6527-5

Ⅰ. ①赳… Ⅱ. ①苏… Ⅲ. ①军事制度－研究－中国－东周时代 Ⅳ. ① E292.5

中国国家版本馆 CIP 数据核字（2024）第 004959 号

书　　名：	赳赳武夫 公侯干城——东周时期的近卫制度
	Jiujiu Wufu Gonghou Gancheng——Dongzhou Shiqi de Jinwei Zhidu
著　　者：	苏逾辉　孟　奂　李小博　胡西良
选题策划：	李　耕
责任编辑：	李　耕
责任校对：	梁　明
装帧设计：	李　野
责任印制：	王　炜
出版发行：	四川大学出版社有限责任公司
地　　址：	成都市一环路南一段 24 号（610065）
电　　话：	（028）85408311（发行部）、85400276（总编室）
电子邮箱：	scupress@vip.163.com
网　　址：	https://press.scu.edu.cn
印前制作：	成都完美科技有限责任公司
印刷装订：	成都金阳印务有限责任公司
成品尺寸：	170 mm×240 mm
印　　张：	10.75
字　　数：	186 千字
版　　次：	2024 年 1 月 第 1 版
印　　次：	2024 年 1 月 第 1 次印刷
定　　价：	48.00 元

本社图书如有印装质量问题，请联系发行部调换

版权所有 ◆ 侵权必究

扫码获取数字资源

四川大学出版社
微信公众号

目　录

第一章　相关基本史料评述 ·· 1
　一、传世文献 ·· 3
　二、金文 ··· 9

第二章　王畿近卫军 ·· 15
　一、王畿近卫军的概貌与组织 ································ 19
　二、王畿近卫军的基本职能 ···································· 27
　三、王畿近卫军的兵士来源 ···································· 33
　四、近卫军的军事训练与检阅 ································· 42
　五、王畿近卫军的装备 ·· 50
　六、东周时期王畿近卫军的演变 ····························· 62

第三章　齐国近卫制度 ··· 71
　一、姜氏齐国近卫制度的起源 ································· 73
　二、考古所见齐国近卫制度 ···································· 75
　三、文献所见的齐国公室近卫体系 ··························· 78
　四、齐国近卫军的军种 ·· 80
　五、齐国近卫军马匹的来源 ···································· 83
　六、陈氏私兵与姜齐倾覆 ······································· 86

第四章　晋国近卫制度 ·· 89
一、晋国军制简述 ·· 91
二、晋国的公甲 ·· 96
三、晋国的私兵 ··· 103
四、晋国近卫的发展与影响 ································· 108

第五章　楚国近卫制度 ··· 113
一、楚国近卫组织概述 ······································ 115
二、楚国近卫与内乱 ·· 123
三、楚国近卫与对外作战 ··································· 131

第六章　东周近卫军的教育与精神 ······························ 137
一、东周近卫军之教育 ······································ 139
二、东周近卫军之精神 ······································ 146

参考文献 ·· 164

第一章

相关基本史料评述

一、传世文献

（一）《左传》

《左传》，相传为春秋末年左丘明所著，是研究春秋历史的基本史料，本书的写作依据的基本传世史料首推《左传》。从时间上看，本书的写作囊括整个春秋时期。从空间上看，本书涉及东周王畿地区以及以齐、晋、楚为代表的诸侯国。就《左传》记载而言，可以肯定的一点是，在当时各国军队或者各国王城之中大多存在一支近卫力量。

总体上看，《左传》中关于近卫军的资料比较零散，分布不均。首先，关于春秋初年近卫军的记载远远少于关于春秋中后期的记录。其次，就国别而言，《左传》关于郑、晋、鲁三国的记载较详，特别是关于郑国与晋国的记事，从始至终前后连贯、年代相承，记事内容全面，首尾日期清晰，上述资料最有可能来源于诸国国史。相较而言，齐国作为东方大国，《左传》对其相关史事记载却特别简略（几乎不出《春秋经》所记）。

（二）《国语》

《国语》有《春秋外传》之别称。至于《国语》作者，自西汉司马迁起即称之为左丘明。但是，该说一直以来存有争议。一方面，《国语》与《左传》所依据的史料或有重合之处。另一方面，《国语》与《左传》二者或有互补之处。仅就所需考虑的近卫之制而言，例如，《国语》记载："十七年，王黜狄后。狄人来诛，杀谭伯。富辰曰：'昔吾骤谏王，王弗从，以及此难。若我不出，王其以我为慰乎！'乃以其属死之。"① 此事与《左传·僖公二十四年》"以狄师攻王。王御士将御之"②"颓叔、桃子奉大叔，以狄师伐周，大败周师，获周公忌父、原伯、毛伯、富辰"③ 两条记载相当。但是，《左传》仅仅言及王御士抵抗，称富辰为乱贼所获。而《国语》则补录富辰率领其属力战以及死难一事，较之《左传》记载更为详尽。

从体例来看，《国语》属于"语"类文献，其中的某些章节已经存在对某一人物较为集中的刻画。《国语》某些关于近卫制度的记载所依据的资料原本的形式当系人物传记类文本，而《国语》将其分散编排。这些"语"类文献资料，在很大程度上已经具备列传的雏形。这一点，得到出土文献的佐证。例如，《清华简》之中收录《赵简子》，全篇以主人翁与旁人对话展开，论述治国理政之道理。其后，司马迁整理厘定百家语创作《史记》，或受该类文本体例启发形成列传之体。

（三）《周礼》

《周礼》初名《周官》，郑玄注三礼乃名为《周礼》。此书晚出，汉武帝时为河间献王所得，被献于朝廷后，藏于秘府，因此不为世所见。至刘向、歆父子校理秘书，始著之于《七略》。刘歆目此书为"周公致太平之迹"，但因其为古文经，故不被汉时今文经学家所承认。东汉时，郑玄以三礼为主遍注群经，而以《周礼》为其经注之核心，体现出郑氏经学的鲜明礼学特点，使《周礼》的地位得到提升。虽然此书广受历代经学家重视，但关于此书的争议却始终不断，主要集中于两点：（1）《周礼》的作者；（2）《周礼》的成书年代。今人多谓此书并非周公所著，乃是战国时

---

① 徐元诰撰，王树民、沈长云点校：《国语集解》（修订本），中华书局，2002年，第50—51页。
② 〔晋〕杜预注，〔唐〕孔颖达等正义：《春秋左传正义》卷十五，见〔清〕阮元：《十三经注疏》（清嘉庆刊本），中华书局，2009年，第3946页。
③ 〔晋〕杜预注，〔唐〕孔颖达等正义：《春秋左传正义》卷十五，见〔清〕阮元：《十三经注疏》（清嘉庆刊本），中华书局，2009年，第3946页。

人以现实典制为基础,裒集旧典并加以整齐化与理想化之结果。

全书有六部分,以天、地及春、夏、秋、冬名官,其中《冬官》亡,而以《考工记》补之。此书所载官职众多,很多能够与文献和金文相互印证,成为今人研究周代官制的重要参考资料。其中,天官为六官之首,统领各官并主掌王事,地官主掌民事,春官主掌礼事,夏官主掌军事,秋官主掌刑事,而冬官主掌工事。《周礼》各官之下皆首列序官以明各官属员爵级及员额,后依次详叙各官职掌及细务,层次分明,条理清晰。与本书所论近卫制度比较相关的主要是《天官》《地官》《夏官》《秋官》等篇。

《天官》所记载的职官主要是王宫的内务官。例如,据其记载,宫正主要掌管王宫之戒令和纠禁,具体地说则是负责管理宫中之官府次舍以及禁察、教育官员等事务,亦兼其他相关职务。据"凡邦之事跸宫中、庙中,则执烛"可知,当邦内有祭祀之事时,宫正也要负责宫中和庙中的警跸事宜,警跸的目的至少有二:一是作为王的仪仗,二是护卫王的安全以备非常。但是宫正及其所领属官在警跸时还要兼任执烛之事,则体现了明显的侍卫兼侍从的特点,准确地说当是侍从兼了近卫之职,这也是其他不少宫内职官的共同特点。

《地官》诸职多掌民事,但由于先秦时期兵农关系紧密,故而亦多涉及军事方面,主要是赋役和力役征发,这一点可与《夏官·司马》职相互补充。其中与近卫关系较密者有师氏、保氏、土训、诵训等职。

《夏官》诸职多掌军事,因而其中的部分职官较前述天官、地官诸职更有近卫性质。典型者,如虎贲氏、旅贲氏二官。

与前述类似,《秋官》中也记载了近卫性质的职官,主要为蛮隶、闽隶、夷隶、貉隶、条狼氏等职。

(四)《吕世春秋》

《吕氏春秋》是战国末期秦相吕不韦召集门客所作,是书出于众手,杂采诸家,思想内容宏富,是研究战国末期思想的重要作品。关于该书的归类，众说纷纭，如《汉书·艺文志》入杂家；高诱以为"此书所尚，以道德为标的，以无为为纲纪"，则当归入道家；《四库全书总目提要·子部》以为此书大抵以儒家为主，而参以道家、墨家；清人卢文弨认为，《吕氏春秋》一书，大约宗墨氏之学，而缘饰以儒术；陈奇猷指出，该书以阴阳家说为重点，可从书中阴阳说所据的位置与篇章的多寡证明；近人洪家义则谓该书当自为一家。

《吕氏春秋》史料来源复杂，其中所载史事，不少可以与《左传》《国语》等其他典籍的记载相互印证、补充，部分史料亦可作为研究先秦时期近卫制度的参考。如《先识览·察微》篇"鲁季氏与郈氏斗鸡"条，记载了因两家斗鸡而引发鲁国内乱之事，最终造成鲁昭公被迫出奔。该事又见于《左传·昭公二十五年》《史记·鲁周公世家》和《淮南子·人间训》，唯几处记载详略有所不同。仲孙、叔孙、季孙与郈氏、昭公在国内战斗，郈昭伯"将师徒"攻季氏，三家则"起甲"以应，这些甲士可能是族军或私卒，而其中应该包含三家的近卫在内。

事实上，类似记载在《吕氏春秋》一书中十分常见，且大多以故事片段的形式出现，这些故事不便在此一一详述，需要指出的是，其作用主要是配合撰作者阐述其思想之需要，所以事例之后往往有论说性文字。因此，在运用此书佐证东周近卫制度时，需要注意此书的这种特点，以及由此带来的对该书资料利用方面的局限性。

（五）《逸周书》与《穆天子传》

《逸周书》原名《周书》，东汉许慎著《说文》五次引用《逸周书》，郑玄注《周礼》曾引用《周书·王会》。蔡邕《明堂月令论》称《周书·月令》篇第为五十三，和今本的篇第相合。《周书》在晋代当有两种传本：一是汉代传下来的今隶本（当时文字），一是汲冢所出的古文本（战国时东方六国文字）。晋孔晁为《周书》作注，用汲冢本和旧本对校，校语中标明两本的文字异同。孔晁注本唐时已有残缺，颜师古注《汉书》说《周书》"今存者四十五篇",就是指孔晁注本而言。在颜师古以后,孔晁注又散失三篇。自宋代以来,有人把汲冢本和孔晁注本合并,去其重复,有孔晁注的42篇,无注的17篇和序1篇,合成今本60篇。与《汉书·艺文志》相较,亡佚11篇。今本《周书》无注的17篇和序1篇,赖汲冢本的补充而得以保存。此书确有西周早期之作,日后陆续增附,书不成于一时,不全是周代旧文。该书文字讹缺,比较难读。《四部备要》本《逸周书》收有晋孔晁注,清人朱右曾有《逸周书集训校释》。今人黄怀信先后出版《逸周书源流考辨》(1992年),《逸周书汇校集注》(与人合作,1995年),《逸周书校补注译》(1996年)。

《逸周书》中即多次出现"虎贲",如"甲申,百弇以虎贲誓,命伐卫"[①]。除"虎贲""虎贲士"之外,《逸周书》中出现的"五卫""翼卫""属五百人"等也似与王之近卫有关。先秦时期的兵制历来为研究者所关注,最常见于诸多研究成果中的近卫军是"虎贲""旅贲""虎臣"等,明确了该类人员属于宫廷或者王周围的宿卫力量。李忠林在《商周兵制考论》中指出"虎贲"是周天子的警卫人员,"旅贲"是诸侯的警卫人员,"虎贲"的头领是"虎臣","虎贲"之士是从贵族出身的人中挑选出的精壮勇士,而"五隶之兵"是普通的警察部队。李严冬《〈周礼〉军制专题研究》认为除"虎贲"外,"士庶子"部队也是宫廷禁卫武装,而且是从公卿士大夫阶层中选拔的,而"虎贲氏"则是从庶人中简选出来的勇士,是王的近卫军。

《穆天子传》晋郭璞注,前有荀勖序。据《晋书·束皙传》,太康二年,汲县人不准盗发魏襄王墓,得《穆天子传》。《穆天子传》实际成书时间大概为战国时期,其中也有和近卫有关的记载。例如,《穆天子传》中多次出现的"七萃之士",且多次跟"六师"同时出现,如"□天子大飨正公、诸侯、王勒、七萃之士于羽琌之上,乃奏广乐。□六师之人翔畋于

---

① 黄怀信:《逸周书校补注译》(修订本),三秦出版社,2006年,第195页。

赳赳武夫　公侯干城——东周时期的近卫制度

旷原，得获无疆，鸟兽绝群。六师之人大畋九日"①。关于"七萃之士"内涵所指，目前学界争论较多，顾实认为"七萃之士"是《周官》"五萃"之变言，郭侃《〈穆天子传〉文本整理及相关问题研究》也从此说；陈逢衡指出，"七萃之士"皆亲军以备扈从者，士谓有爵命者；于省吾指出"萃"通"倅"，副也，萃车即副车；岑仲勉认为七萃与六师并举，人似颇多，疑"萃"为亲卫军或禁军之古称；卫挺生认为"七萃之士"是卫队；郑杰文直接支持是穆王的七队卫士；王贻樑结合战国文字认定"七萃"之"七"字无疑，但解释为漆车之"漆"，明言"某萃"是侍卫禁军；陈炜湛指出古"七""甲"同形、"七"为"甲"之误释，"七萃之士"当为"甲萃之士"；王林莉认同"甲萃之士"，进一步指出多次出现的"七萃之士高奔戎"为戎车车右，乃全副武装的副车上的勇士。虽然学界众说纷纭，但大部分学者都同意"七萃之士"当为王之近卫禁军。通观上述研究成果，大多数学者将《穆天子传》《逸周书》文献中出现的"七萃之士""虎贲"解释为王的近卫或者禁卫组织，并将之与常备军进行了比较，并提出了各自的看法。

周代近卫以车兵为主，言车兵则不可不称马匹，《穆天子传》即记载多个方国进献牛马以备服乘。据此，可见方国进献之盛况。《逸周书·王会解》称周初"禺氏騊駼""犬戎文马，文马赤鬣缟身，目若黄金，名古黄之乘"。西北部族并非因为周穆王游幸而始献马于周王朝，其在周初已经向中国贡马。战国时人称："羊肠之西，句注之南，非王有已。逾句注，斩常山而守之，三百里而通于燕，代马胡犬不东下，昆山之玉不出。"② 西北贡马于周王朝在战国之际已经颇具规模，甚至于对赵国武备尤为重要。战国时期，西北部族向周王朝贡献马匹，由今山西逾太行而入，与周穆王行程道路近似。这一路线西周时期是否已经用来输入马匹，则需进一步资

---

① 〔晋〕郭璞注，王贻樑、陈建敏校释：《穆天子传汇校集释》卷三，中华书局，2019年，第152页。

② 〔西汉〕司马迁：《史记》卷四十三，中华书局，1982年，第1818页。

料的支持。周王朝的军事战争主要靠车马，而马匹是周王朝在专门牧场由专职官员负责圈养放牧的，以周王为代表的周王朝对马政是十分重视的。一般认为所谓的"执驹"礼，就是在两岁的小马离开母马升入朝廷服马时，初系马具所行之礼①。再者，《穆天子传》顺带对于牧马蕃息有所涉及，这一点也可与传世文献关联。

二、金文

金文，又名钟鼎文、款识，正式名称为青铜器铭文，主要是指先秦两汉时期铸刻于青铜器物上的文字。大体而言，金文产生于殷商，盛行于西周，散布于春秋，衰落于战国，消亡于秦汉。青铜器铭文通常与青铜器同时铸造，内容一般包括器物的铸造时间、铸造者、铸造缘由、用途及归属等信息。殷商时期虽然出现了金文，但是字数有限，单件铜器至多不超过五十字。而在西周时期，随着青铜文明发展至巅峰，金文也蓬勃发展，粲然大备，长者可达数百字，并形成一定的体例格式。这些金文涉及当时的政治活动、军事征伐、交通地理、礼仪制度、行政体系、经济生活、宗教观念、宗族组织、文化交流等各方面情况，因此本书在探讨东周近卫制度时，金文是颇有价值的一手史料。

西汉时期即开始出土带有铭文的青铜器，尤其是清代和民国两次出土高潮，极大丰富了金文材料的数量与种类。20世纪90年代由中国社会科学院考古研究所编撰的《殷周金文集成》（下文引用中简称《集成》）共收录约13000件青铜器，上约有铭文10万字。进入21世纪，由吴镇烽编

---

① 关于执驹礼的记载，《周礼·夏官·校人》："春祭马祖，执驹。"《夏小正》"执陟攻驹"，戴德传云："执也者，始执驹也。执驹也者，离之去母也，执而升之君也。"盠尊铭："惟十又二月辰在甲申，王初执驹""王亲诣盠驹，赐两朴"。盠尊铭所载时间当夏历十月，与《周礼》不符，似乎执驹礼非只在春季。

赳赳武夫　公侯干城——东周时期的近卫制度

著的《商周青铜器铭文暨图像集成》（下文引用中简称《铭文》）及其续编、三编又续收商周有铭青铜器至19984件，其中西周及春秋青铜器占多数，出土范围涵盖华东、华北、华中、东北、西北、西南诸区域，其中有相当一部分出自原主窖藏或墓葬，是研究周代历史文化极为重要的资料。

除出土于窖藏墓葬之外，也有的青铜器为人所获后，辗转他手，流传于宫廷、贵族、士大夫以及古董商之间。如《左传·昭公十六年》载"二月丙申，齐师至于蒲隧。徐人行成。徐子及郯人、莒人会齐侯，盟于蒲隧，赂以甲父之鼎"，杜注："甲父，古国名。高平昌邑县东南有甲父亭。"① 该器物至少倒过两手，经历甲父、徐、齐三个诸侯。《国语·晋语八》"公见子产，赐之莒鼎"，莒鼎不知何故流入晋国，晋君则将此物赏赐给子产。近代毛公鼎的流传过程，则尤为惊心动魄，先后历经苏亿年、陈介祺、端方、叶恭绰、陈永仁等人之手，最后随国民党迁台，为台北故宫博物院收藏。

对近卫职事的记载主要见于册命金文之中。所谓册命金文，即记载册命仪式与册命内容的青铜器铭文。在先秦时期，青铜器不仅稀少珍贵，难以制造，而且十分坚固，能够传之永久。因此青铜器的制作和传承与政治权力的强制性、集中性、独占性、稳固性相契合，成为政治秩序权威的象征与标志。而册命则是指封官授职，是为封建社会中之隆重典礼。无论天子任命百官，封建诸侯，诸侯之封卿大夫，卿大夫之封臣宰，均须举行此种礼仪。② 实际上，不仅封官授职需要册命，赏赐物品土地，乃至天子和诸侯即位也需要册命。《尚书·顾命》"太史秉书，由宾阶隮，御王册命"，孔疏："太史东面于殡西南而读策书，以命王嗣位之事。"③《左传·成公八年》"天子使召伯来赐公命"，孔疏："诸侯即位，礼必朝王，明当即位即

---

① 〔西晋〕杜预注，〔唐〕孔颖达等正义：《春秋左传正义》卷四十七，见〔清〕阮元：《十三经注疏》（清嘉庆刊本），中华书局，2009年，第4513—4514页。
② 陈汉平：《西周册命制度研究》，学林出版社，1986年，第2页。
③ 〔西汉〕孔安国传，〔唐〕孔颖达等正义：《尚书正义》卷十八，见〔清〕阮元：《十三经注疏》（清嘉庆刊本），中华书局，2009年，第511—512页。

赐之命。今八年乃来,是缓也。"①《左传·昭公三年》:"晋侯嘉焉,授之以策,曰:'子丰有劳于晋国,余闻而弗忘。赐女州田,以胙乃旧勋。'"②由此可见,凡是身份、地位、官职、器物、土地、封地等政治经济资源的赏赐与授予,都需要公开举行册命礼仪,以此使被册命者获得贵族共同体的政治认可,从而实现资源获取的正当化。究其原因,是因为周代实行"一元化爵本位"等级秩序,凭借身份分配相应的资源,而册命礼仪正是周代身份政治的直接表现形式,彰显着受命者的公共身份,也传承着历史责任。因此册命礼往往在宗庙中举行,以体现其隆重与严肃。《礼记·祭统》:"古者明君爵有德而禄有功,必赐爵禄于大庙,示不敢专也。"③根据陈汉平的研究,西周的册命礼可分册命仪式和受命仪式,前者包括周王即位、傧者右受命者入门、至受命地点而立、命者受书、命者授史官命书、史官宣读命书等步骤,后者包括受命者拜手稽首、受命册、佩命册以出、反入堇章、对扬王休等步骤,在册命礼仪之后便是受命者铸造青铜器,并将册命文书铸铭于器上,以示纪念。④作为册命金文的主要来源,册命文书由专门的史官事先写定,《周礼·春官·内史》"凡命诸侯及孤卿大夫,则策命之……内史掌书王命,遂贰之"⑤,因此在金文中,内史又名"作册内史""作命内史",正是表明其具有撰写册命文书的职能。册命文书的意志既然出于王室,因此不仅要颁发给受命者,而且还要缮写副本,藏于中央机构,《左传·僖公五年》"虢仲、虢叔……为文王卿士,勋在王室,藏

---

① 〔西晋〕杜预注,〔唐〕孔颖达等正义:《春秋左传正义》卷二十六,见〔清〕阮元:《十三经注疏》(清嘉庆刊本),中华书局,2009年,第4133—4134页。
② 〔西晋〕杜预注,〔唐〕孔颖达等正义:《春秋左传正义》卷四十二,见〔清〕阮元:《十三经注疏》(清嘉庆刊本),中华书局,2009年,第4412页。
③ 〔东汉〕郑玄注,〔唐〕孔颖达等正义:《礼记正义》卷四十九,见〔清〕阮元:《十三经注疏》(清嘉庆刊本),中华书局,2009年,第3484页。
④ 陈汉平:《西周册命制度研究》,学林出版社,1986年,第27—28页。
⑤ 〔东汉〕郑玄注,〔唐〕贾公彦疏:《周礼注疏》卷二十六,见〔清〕阮元:《十三经注疏》(清嘉庆刊本),中华书局,2009年,第1770—1771页。

赳赳武夫　公侯干城——东周时期的近卫制度

于盟府"①,以此保证册命文书真实有效,并且不会更改。

册命标志着政治社会资源分配与获取的正当化,青铜器则象征着政治秩序的权威与稳定,两者的结合促使册命金文成为贵族彰显政治权力与资源,希冀传承永久的载体。《左传·襄公十九年》:"且夫大伐小,取其所得,以作彝器,铭其功烈,以示子孙,昭明德而惩无礼也。"②"铭功烈""昭明德",是周代贵族铸刻金文的主要目的,也是金文的主要内容。容庚将重要的金文分为祭祀典礼、征伐纪功、赏赐锡命、书约剂、训诰群臣、称扬先祖等六类③;马承源则依据格式将金文归纳为徽记、祭辞、册命、训诰、记事、追孝、约剂、律令、符节诏令、媵辞、乐律、物勒工名等十二类④。无论哪种划分方式,都表明祭祀、纪功、册命等是金文记载的重点内容。这既与"国之大事,在祀与戎"的政治背景有关,也与金文所具有的思想教育、传承血脉的社会政治功能有关。巫鸿指出,青铜礼器反映了植入权力,不同于代表强制的武器,礼器则象征着一切非暴力的社会行为和规范,也就是各种社会准则和关系,而青铜礼器的纪念碑性实际上也就存在于体现和巩固这种社会关系的网络之中。正是因为社会规范及其关系的积极导向,使金文的赞扬目的与教化功能限定了其内容与意义,在正向、积极的文本被铸刻的同时,金文的创作者也筛除了被认为是负面和消极的内容。《礼记·祭统》云:"铭之义,称美而不称恶,此孝子孝孙之心也,唯贤者能之。铭者论撰其先祖之有德善、功烈、勋劳、庆赏、声名,列于天下,而酌之祭器,自成其名焉,以祀其先祖者也。"⑤ 因此金文所呈现的实则是其铸造者的视角与观念叙事。金文往往以宗庙和墓葬所用的青

---

① 〔西晋〕杜预注,〔唐〕孔颖达等正义:《春秋左传正义》卷十五,见〔清〕阮元:《十三经注疏》(清嘉庆刊本),中华书局,2009年,第3896—3897页。
② 〔西晋〕杜预注,〔唐〕孔颖达等正义:《春秋左传正义》卷三十四,见〔清〕阮元:《十三经注疏》(清嘉庆刊本),中华书局,2009年,第4273页。
③ 容庚、张维持:《殷周青铜器通论》,中华书局,2012年,第86—94页。
④ 马承源:《中国青铜器》,上海古籍出版社,2003年,第351—362页。
⑤ 〔东汉〕郑玄注,〔唐〕孔颖达等正义:《礼记正义》卷四十九,见〔清〕阮元:《十三经注疏》(清嘉庆刊本),中华书局,2009年,第3486页。

铜礼器为载体，产生于祭祀和丧葬礼仪等情境之中。因而，金文内容往往带有宗教性质的神圣与虔诚。《墨子·明鬼下》："古者圣王必以鬼神为，其务鬼神厚矣。又恐后世子孙不能知也……故琢之盘盂，镂之金石，以重之。"① 传遗后世子孙的金文，在历法纪时、政事典制、战争征伐、经济活动、宗教思想、社会法律、文化教育、礼仪物品上能够补文献所缺，为今天的人们提供了窥视两周社会与思想的独特路径。郭倩指出，西周不少青铜器铭文为"自述型铭文"，这些自述型铭文以"明德""明心"为宗旨，不仅叙述着做器者祖述先祖功业，颂扬祖先明心、明德，还反映做器者自述其对祖先明德、威仪之效法，并表达谨守祖业，黾勉从事的决心。这表明西周贵族对自身的言论已经有了自觉的意识，重视"明德""明心"之类的言论价值，这一点可与《尚书》不少篇章强调"德"的重要性相呼应，体现了金文的社会教化功能和意义。如此一来，金文之中对于历史的描述便会掺杂更多的主观色彩，因而，对于金文资料的运用需要持审慎的态度。

自西周中期以后，册命金文趋于制度化、格式化，往往由册命的时间地点、册命礼仪、册命文书内容（册命缘由、官职、赏赐、告诫等）、受命礼仪、作器铭识等五部分组成，直到礼崩乐坏的春秋时期仍然如此，表明政治秩序和政治体系已发展成熟，相对稳定的政治生态已经形成。而近卫官职作为关系国君安危的亲近侍从，也是政治体系的重要组成部分，出现在册命金文中也就顺理成章了。在册命金文中，不仅有关于近卫职事的记载，近卫侍从人员的组成、相应的赏赐命服以及周王的勉励等，亦包含在其中。而从册命金文的铸造者来看，被授予近卫职事的人员，有相当一部分是深受信任、掌握大权的重臣，如克、毛公等，亦可见周王对近卫职事的重视程度。其中不少相关内容可与传世文献史料相对照。如册命金文中多次出现"虎臣"一词：

---

① 〔清〕孙诒让撰，孙启治点校：《墨子间诂》，中华书局，2001年，第236页。

赳赳武夫　公侯干城——东周时期的近卫制度

> 王用肇事（使）乃子冬率虎臣御淮戎。（《冬方鼎》）
> 命女缵司公族，雩三有司、小子、师氏、虎臣。（《毛公鼎》）
> 嗣乃祖，啻（嫡）官邑人、虎臣。（《师酉簋》）
> 今余肇命女，率齐师、纪、莱、棘，殿左右虎臣征淮夷。（《师寰簋》）
> 今余令（命）女（汝）啻（嫡）官司邑人，先虎臣后庸。（《訇簋》）
> 命汝更乃祖考，缵司左右虎臣。（《师克盨》）

传世文献同样出现"虎臣"，如《尚书·顾命》"乃同召太保奭、芮伯、彤伯、毕公、卫侯、毛公、师氏、虎臣、百尹、御事"，孔传[①]："虎臣，虎贲氏。"[②] 可见，"虎臣"即"虎贲"，是周代近卫人员的通称。《诗经·大雅·常武》"王奋厥武，如震如怒。进厥虎臣，阚如虓虎"，郑笺："前其虎臣之将阚然如虎之怒，陈屯其兵于淮水大防之上以临敌。"[③] 可见虎臣由于如虎般勇猛而得名，并作为周王的精锐部队四处征伐，与《冬方鼎》《师寰簋》记载相一致。《师酉簋》《訇簋》皆言虎臣的组成来源有西门夷、夷、秦夷、京夷等被征服族群，且虎臣之长官为师氏，而《周礼·地官·师氏》云，"使其属帅四夷之隶，各以其兵服守王之门外，且跸"，二者可相互印证。

[①] 按，《尚书》孔传，即孔安国所作传，学界对作传者身份存在争议，自清以来多数学者认为非孔安国所作，本书依中华书局影印嘉庆刻本《十三经注疏》扉页信息，径称孔传。

[②] 〔西汉〕孔安国传，〔唐〕孔颖达等正义：《尚书正义》卷十八，见〔清〕阮元：《十三经注疏》（清嘉庆刊本），中华书局，2009年，第505页。

[③] 〔西汉〕孔安国传，〔唐〕孔颖达等正义：《尚书正义》卷十八，见〔清〕阮元：《十三经注疏》（清嘉庆刊本），中华书局，2009年，第1243页。

第二章

王畿近卫军

第二章 王畿近卫军

两周以平王东迁事件为历史分际，而东周时期的主要政治、军事与社会制度均继承自西周王朝，如分封制、宗法制、礼乐制等，其在春秋时期继续发挥作用，作为政治秩序的基石而维系着诸侯国的内政外交。清代学者顾炎武对此有一段透彻的论述：

> 春秋时犹尊礼重信，而七国则绝不言礼与信矣。春秋时犹宗周王，而七国则绝不言王矣。春秋时犹严祭祀，重聘享，而七国则无其事矣。春秋时犹论宗姓氏族，而七国则无一言及之矣。春秋时犹宴会赋诗，而七国则不闻矣。春秋时犹有赴告策书，而七国则无有矣。邦无定交，士无定主，此皆变于一百三十三年之间。史之阙文，而后人可以意推者也。不待始皇之并天下，而文、武之道尽矣。①

顾炎武的观点表明春秋时期具有与西周相近的文化与风俗，而与战国时期的迥然异趣。学界一般认为西周与春秋具有高度的连续性，正是基于此点认识。而在相似的文化实践的背后则是制度与思想的延续，正如严耕望所论，历史的演进是不断的，前后有连贯性的，朝代更换了，也只是统治者的更换，人类社会的一切仍是上下连贯，并无突然的差异。② 战国时期的改制变法，也是在自西周到春秋连续不绝的文化基础上进行符合生产力发展趋势的政治、经济、军事、社会等诸种制度扬弃。此外，西周制度与礼仪也是东周诸侯所效仿的蓝本。所谓"礼乐征伐自诸侯出"，不仅体现了诸侯的僭越，也体现了诸侯对周礼的继承与模仿。因此，探究东周近卫制度，须从对西周王畿近卫军的研究开始，以此为起点，才能收到致广大与尽精微之效。

西周王朝是一个具有多元复合结构的共同体国家，周人以王畿为中心，通过大规模的分封建国，对"天下"范围内的广大地域实施分层分等

---

① 〔清〕顾炎武著，黄汝成集释：《日知录集释》，上海古籍出版社，2006年，第749—750页。

② 严耕望：《治史三书》，上海人民出版社，2016年，第14页。

赳赳武夫　公侯干城——东周时期的近卫制度

的内外服统治。所谓王畿，本义指王都及其附近地区。

《说文》："畿，天子千里地，以远近言之，则言畿也。"段注："谓畿最近天子。"① 可见王畿本义指王都及其附近地区。周王朝是一个具有多元复合结构的共同体国家。周人以王畿为中心，通过分封建国，对"天下"范围内的广大地域实施分层分等的统治。在王畿之内，周王具有较强的统治权力，畿内各诸侯、宗族皆听命于周王。在王畿之外，周王则派遣子弟、亲信与功臣到各地，建立大小不等的诸侯国，并授予独立的统治权力，成为拱卫周王朝的强大力量。《左传·僖公二十四年》："昔周公吊二叔之不咸，故封建亲戚，以藩屏周。"② 王畿由此成为周王朝的核心地区。

西周王畿的范围，《汉书·地理志》云："初雒（洛）邑与宗周通封畿，东西长而南北短，短长相覆为千里。"颜师古注："宗周，镐京也，方八百里，八八六十四，为方百里者六十四也。雒邑，成周也，方六百里，六六三十六，为方百里者三十六。二都方百里者百，方千里也。"③ 东都王畿以成周洛邑为中心，向四周各约伸展三百里即为其边界。④ 这块"方千里"的土地，即王畿近卫军的兵力、武器及各项资源的主要根据地。

---

① 〔清〕段玉裁：《说文解字段注》，成都古籍书店，1990 年，第 736 页。
② 〔西晋〕杜预注，〔唐〕孔颖达等正义：《春秋左传正义》卷十五，见〔清〕阮元：《十三经注疏》（清嘉庆刊本），中华书局，2009 年，第 3943 页。
③ 〔东汉〕班固撰，〔唐〕颜师古注：《汉书》卷二十八下，中华书局，1962 年，第 1650—1651 页。
④ 吕文郁：《周代采邑制度研究》，吉林大学博士学位论文，1988 年，第 22 页。

一、王畿近卫军的概貌与组织

（一）虎贲与虎臣

王畿近卫军被称为虎贲。《史记·周本纪》记周武王伐纣"遂率戎车三百乘，虎贲三千人，甲士四万五千人，以东伐纣"。集解引孔安国语，曰："虎贲，勇士称也。若虎贲兽，言其猛也。"①《说文》段玉裁注"贲"字，"按古假贲为奔"②，认为虎贲即虎奔，喻指勇猛敏捷的军士，犹如汉代近卫军"羽林军"，取"其如羽之疾，如林之多"③的意象。虎贲又称为虎臣，《尚书·顾命》孔氏传曰："虎臣，虎贲氏。"④《诗经·大雅·常武》"进厥虎臣，阚如虓虎"⑤与《诗经·鲁颂·泮水》"矫矫虎臣，在泮献馘"⑥，生动描写了虎臣的勇猛与威力。虎臣又见于金文，师酉簋铭："嫡官邑人虎臣。"（《集成》4288）而在《周礼·夏官·司马》序官中，又有"虎士八百人"，并由虎贲氏所统领，注曰："虎士，徒之选有勇力者。"⑦以虎贲指称近卫军将领，以虎士指称近卫军士兵，这应是东周时人的设计

---

① 〔西汉〕司马迁：《史记》卷四，中华书局，1982年，第121—122页。
② 〔清〕段玉裁：《说文解字段注》，成都古籍书店，1990年，第296页。
③ 〔东汉〕班固撰，〔唐〕颜师古注：《汉书》卷十九上，中华书局，1962年，第页。第728页。
④ 〔西汉〕孔安国传，〔唐〕孔颖达等正义：《尚书正义》卷十八，见〔清〕阮元：《十三经注疏》（清嘉庆刊本），中华书局，2009年，第505页。
⑤ 〔西汉〕毛公传，〔东汉〕郑玄笺，〔唐〕孔颖达等正义：《毛诗正义》卷十八，见〔清〕阮元：《十三经注疏》（清嘉庆刊本），中华书局，2009年，第1243页。
⑥ 〔西汉〕毛公传，〔东汉〕郑玄笺，〔唐〕孔颖达等正义：《毛诗正义》卷二十，见〔清〕阮元：《十三经注疏》（清嘉庆刊本），中华书局，2009年，第1319页。
⑦ 〔东汉〕郑玄注，〔唐〕贾公彦疏：《周礼注疏》卷二十八，见〔清〕阮元：《十三经注疏》（清嘉庆刊本），中华书局，2009年，第1795页。

赳赳武夫　公侯干城——东周时期的近卫制度

构想。实际上在周朝前期相关文献中，虎贲与虎臣都是对近卫军士兵的通称，其将领则称师氏。无论虎贲、虎臣、虎士的命名，都表明近卫军是周王所统辖的最为精锐的武装力量，因此其又被称作爪牙、爪士。《诗经·小雅·祈父》有"予王之爪牙"之语，传曰："爪牙之士当为王闲守之卫。"[1] 师克盨铭："则唯乃先祖考有勋于周邦，捍御王身，作爪牙。"（《集成》4468）与虎贲、虎臣作为正式官称不同，爪牙应是通行的形容性称呼，强调近卫军的威猛与服事周王的忠诚。

虎贲为周朝王畿近卫军的官称，自汉代以来并无异议，然而清代学者王引之根据《孟子·尽心》"武王之伐殷也，革车三百两，虎贲三千人"，以及《战国策·楚策》"秦虎贲之士百余万"，认为虎贲"有为士卒武勇之称者……而非宿卫之士也"[2]，即虎贲具有对外征伐的功能。而《战国策·楚策》的记载表明东周时期的虎贲含义，也是由其作为精锐力量的象征引申而来。《尚书·立政》："立政，任人、准夫、牧，作三事，虎贲、缀衣、趣马小尹。"疏曰："不以官之尊卑为次，盖以从近而至远。虎贲、缀衣、趣马，三者官虽小，须慎择其人。"[3] 可见虎贲在周王近旁，显然非近卫军莫属。无叀鼎铭："官司穆王正侧虎臣"（《集成》2814），也表明虎臣在周王前方与两侧。由此可知，西周时期的虎贲与虎臣，确指王畿近卫军。

近卫军以虎贲为名，其形象是否也与虎有关？《尚书·顾命》记叙近卫军的装扮时，有"二人雀弁""四人綦弁""一人冕"的记载[4]，可见近卫军士兵之冠有雀弁、綦弁、冕的不同。雀弁又名爵弁，为先秦时的贵族祭祀所用。《白虎通·绋冕》："爵弁者，何谓也？其色如爵头，周人宗庙

---

[1] 〔西汉〕毛公传，〔东汉〕郑玄笺，〔唐〕孔颖达等正义：《毛诗正义》卷十一，见〔清〕阮元：《十三经注疏》（清嘉庆刊本），中华书局，2009年，第927页。

[2] 〔清〕王引之撰，魏鹏飞点校：《经义述闻》卷三十一，中华书局，2021年，第1540页。

[3] 〔西汉〕孔安国传，〔唐〕孔颖达等正义：《尚书正义》卷十七，见〔清〕阮元：《十三经注疏》（清嘉庆刊本），中华书局，2009年，第492页。

[4] 〔西汉〕孔安国传，〔唐〕孔颖达等正义：《尚书正义》卷十八，见〔清〕阮元：《十三经注疏》（清嘉庆刊本），中华书局，2009年，第510页。

士之冠也。"①《仪礼·士冠礼》郑玄注："爵弁者,冕之次,其色赤而微黑,如爵头然。或谓之緅,其布三十升。"②而《释名》记载有韦制的雀弁:"弁,如两手相合抃时也。以爵韦为之谓之爵弁。"③《尚书·顾命》孔传将"雀弁"释为"雀韦弁",贾疏曰:"此传言'雀韦弁'者,盖以《周礼·司服》云'凡兵事,韦弁服',此人执兵,宜以革为之,异于祭服,故言'雀韦弁'。"④可见爵弁是一种红黑色冕冠,长一尺二寸,宽八寸,近卫军所戴为韦制成。綦弁即青黑色的弁,《尚书·顾命》孔疏引郑玄语"青黑曰綦"⑤,江声、戴钧衡、皮锡瑞均从之,可知綦弁与雀弁仅是颜色不同。冕是带旒的冠服,《仪礼·士冠礼》贾疏:"凡冕以木为体,长尺六寸,广八寸,绩麻三十升布,上以玄,下以𬘘,前后有旒。其爵弁制大同,唯无旒,又为爵色为异。又名冕者,俛也,低前一寸二分,故得冕称。其爵弁则前后平,故不得冕名。"⑥可见冕与雀弁相比,冕有旒而雀弁无旒,冕前低后高而雀弁前后齐平,其余则大同小异。由上述记载,可知近卫军士兵的冠服,与当时贵族的冠服相差无几,然而其甲胄可能加有虎饰。周伟根据殷墟出土殷代虎饰头盔,推测周代虎贲即因袭殷代虎盔而得名⑦;崔立军则根据《说文》"贲,饰也",认为虎贲是以虎皮为衣饰的武士⑧。近卫军的名称既与虎有关,其形象加以虎饰也是情理之中。

---

① 〔清〕陈立撰,吴则虞点校:《白虎通疏证》卷十,中华书局,1994年,第502页。
② 〔东汉〕郑玄注,〔唐〕贾公彦疏:《仪礼注疏》卷二,见〔清〕阮元:《十三经注疏》(清嘉庆刊本),中华书局,2009年,第2050页。
③ 〔东汉〕刘熙撰,〔清〕毕沅疏证,〔清〕王先谦补,祝敏彻、孙玉文点校:《释名疏证补》卷四,中华书局,2008年,第157页。
④ 〔西汉〕孔安国传,〔唐〕孔颖达等正义:《尚书正义》卷十八,见〔清〕阮元:《十三经注疏》(清嘉庆刊本),中华书局,2009年,第509页。
⑤ 〔西汉〕孔安国传,〔唐〕孔颖达等正义:《尚书正义》卷十八,见〔清〕阮元:《十三经注疏》(清嘉庆刊本),中华书局,2009年,第511页。
⑥ 〔东汉〕郑玄注,〔唐〕贾公彦疏:《仪礼注疏》卷二,见〔清〕阮元:《十三经注疏》(清嘉庆刊本),中华书局,2009年,第2050页。
⑦ 周伟:《中国兵器史稿》,中华书局,2018年,第174页。
⑧ 崔立军:《"虎贲"新解》,《中国史研究》2016年第2期。

（二）王畿近卫军组织推考

依《周礼》所记，王畿近卫军分属不同的官职统领，其人数也多寡不一，详见下表：

官职	大夫	士	府	史	胥	徒
宫正		上士2人 中士4人 下士8人	2人	4人	4人	40人
宫伯		中士2人 下士4人	1人	2人	2人	20人
师氏	中大夫1人	上士2人	2人	2人	12人	120人
保氏	下大夫1人	中士2人	2人	2人	6人	60人
司右		上士2人 下士4人	4人	4人	8人	80人
虎贲氏	下大夫2人	中士12人	2人	8人	80人	虎士800人
旅贲氏		中士2人 下士16人		2人		8人
戎右	中大夫2人	上士2人				

根据表中数据，《周礼》中近卫军分为大夫、士、府、史、胥、徒等层级，总数为1345人，其中虎贲氏所属人数最多，仅虎士就有800人。然而《周礼》一书，本为理想化的蓝图设计，与历史事实并不完全符合。仅就近卫军兵力而言，《史记·周本纪》明确记载周武王伐纣有虎贲3000人，显然与《周礼》记载迥异。然而，《周礼》的记载尽管不能看作信史，但是所记近卫军"胥"与"徒"十进制的组织形态，所谓"有胥必有徒，胥为什长故也"①，仍然在一定程度反映了周朝的军制。

张政烺指出，商周时期的军事编制是以百、千、万为单位的十进制组

---

① 〔东汉〕郑玄注，〔唐〕贾公彦疏：《周礼注疏》卷一，见〔清〕阮元：《十三经注疏》（清嘉庆刊本），中华书局，2009年，第1376页。

织①。在商代甲骨卜辞中不乏例证，如：

多方……二百人，王［受佑］，吉。(《合集》② 27012)
登射三百。(《合集》00698)
……日壬□……舌方征……八百。(《合集》06070)

以上各条卜辞记录商代军队的征发兵力，有二百人、三百人、八百人不等，可见是由以百人为单位的若干团体组成。卜辞中较为常见的是以千人为单位，最多时可达到上万人，如：

辛巳卜，□，贞登妇好三千，登旅万，乎伐□［方］。(《合集》39902)
在馭允□八千人□。(《合集》31997)

周朝沿用殷制，部队的基本组织仍以十进制构成。《尚书·牧誓》："亚旅、师氏、千夫长、百夫长。"③ 师氏下为千夫、百夫编制的军事单位。之所以如此，是因为商周时期的军队并非后世的常备军，而是义务兵制。杨宽指出，周王朝中央的军队"六师"与国都"六乡"对应，是一种军队编制和乡邑编制相结合的组织，军队成员即公民"国人"，平时除贵族外，多数作为农民耕种，战时受征召当兵，属于兵农合一、军政一体的政治、军事和社会组织④。而乡邑编制正是十进制的生产和社会组织形态。《逸周书·作雒解》载周公营洛邑规划时说："郊鄙不过百室，以便野事。"⑤ 乡

---

① 张政烺：《甲骨金文与商周史研究》，中华书局，2012年，第73—117页。
② 指郭沫若主编，胡厚宣总主编，中国社会科学院历史研究所编：《甲骨文合集》，中华书局，1982年。编号为该书统一编号。下同。
③〔西汉〕孔安国传，〔唐〕孔颖达等正义：《尚书正义》卷十一，见〔清〕阮元：《十三经注疏》（清嘉庆刊本），中华书局，2009年，第388页。
④ 杨宽：《西周史》，上海人民出版社，2003年，第417—425页。
⑤ 黄怀信：《逸周书校补注译》（修订本），三秦出版社，2006年，第236页。

赳赳武夫　公侯干城——东周时期的近卫制度

邑以百室为限，可见聚落的十进制组织方式。《诗经·小雅·鸿雁》："之子于垣，百堵皆作。"郑玄笺云："征民起屋舍，筑墙壁，百堵同时而起。"① 百堵之墙，也即是百家的代称，因此《诗经·小雅·斯干》称："似续妣祖，筑室百堵。"② 不仅聚落以百家为单位划分，农业生产也采取十进制的组织形态。《诗经·周颂·噫嘻》："亦服尔耕，十千维耦。"③ 耕作以千人为单位，又称为千耦，《诗经·周颂·载芟》："千耦其耘，徂隰徂畛。"④ 这种十进制组织一直通行于东周时期，《论语·公冶长》载孔子语："十室之邑，必有忠信如丘者焉，不如丘之好学也。"⑤ 又载："千室之邑，百乘之家，可使为之宰。"⑥ 这里"十室""千室"虽是约数，却可见根据十进制划分乡邑大小的深远影响。东周时期的里制也普遍以百家为标准，《管子·度地》提出"百家为里"，《周礼·地官·遂人》更以十进制为本，构拟出"十夫有沟""百夫有洫""千夫有浍""万夫有川"的集体生产图景。

十进制的乡邑基层组织与军事组织相互适配，也决定着近卫军的基本单元。商周时期以车战为主流战斗形式，而车制，即一车配多少士兵是历来争论的焦点。传统说法有一车七十五人和三十人之别，清代金鹗认为，先秦无一车七十五人之制，应是十名甲士，十五名步兵，孙诒让在此基础上认为还有五名后勤人员，共三十人⑦。罗琨、张永山认为应是甲士与步

---

① 〔西汉〕毛公传，〔东汉〕郑玄笺，〔唐〕孔颖达等正义：《毛诗正义》卷十一，见〔清〕阮元：《十三经注疏》（清嘉庆刊本），中华书局，2009年，第924页。
② 〔西汉〕毛公传，〔东汉〕郑玄笺，〔唐〕孔颖达等正义：《毛诗正义》卷十一，见〔清〕阮元：《十三经注疏》（清嘉庆刊本），中华书局，2009年，第934页。
③ 〔西汉〕毛公传，〔东汉〕郑玄笺，〔唐〕孔颖达等正义：《毛诗正义》卷十九，见〔清〕阮元：《十三经注疏》（清嘉庆刊本），中华书局，2009年，第1275页。
④ 〔西汉〕毛公传，〔东汉〕郑玄笺，〔唐〕孔颖达等正义：《毛诗正义》卷十九，见〔清〕阮元：《十三经注疏》（清嘉庆刊本），中华书局，2009年，第1296页。
⑤ 〔三国·魏〕何晏等注，〔宋〕邢昺疏：《论语注疏》卷五，见〔清〕阮元：《十三经注疏》（清嘉庆刊本），中华书局，2009年，第5376页。
⑥ 〔三国·魏〕何晏等注，〔宋〕邢昺疏：《论语注疏》卷五，见〔清〕阮元：《十三经注疏》（清嘉庆刊本），中华书局，2009年，第5372页。
⑦ 〔清〕孙诒让：《周礼正义》，中华书局，1987年，第2240—2248页。

兵各十名①。杜正胜根据考古发掘的商周战车形制认为，一辆车最多只能站乘三人，因此应是甲士三人，以及十名步兵②，其说甚是。《左传》载有"王于是乎杀管叔而蔡蔡叔，以车七乘，徒七十人"③。西周晚期禹鼎铭文有"肆武公乃遣禹率公戎车百乘、厮驭二百、徒千"（《集成》2833）。可见，一车十名步兵的车制贯穿整个西周王朝历史，直到东周时期犹然，《左传·僖公二十八年》记载，城濮之战后晋国俘虏楚军"驷介百乘，徒兵千"④，与禹鼎铭文记载正相互对应。因此一车配十名步兵的十进制组织单元应为王畿近卫军的基本编制。

在一车十人的小队之上是百人队伍。《尚书·顾命》："以二干戈、虎贲百人，逆子钊于南门之外。"⑤ 子钊即周康王，迎接周康王即位是重大政治任务，近卫军必定派出满编队伍担任护卫，可见百人队伍是近卫军的行动组织形式，有可能是《周礼》"百人为卒"的"卒"。因此周王也以百人队伍为单位委派管理者，师询簋铭文记载周宣王命令师询"率以乃友捍御王身"，并赏赐"夷讯三百人"（《集成》4342），所谓"夷讯"就是近卫军的骨干力量，所以实际上是周王调拨三百名近卫军士兵交给师询管理。《左传·僖公二十八年》记载周襄王赏赐晋文公"虎贲三百人"⑥，可见，直到东周时期，王畿近卫军仍然沿用百人队伍的编制方式。

百人队伍之上是千人队伍，由师氏统领。《周礼·地官·师氏》："使

---

① 罗琨、张永山：《中国军事通史》第一卷《夏商西周军事史》，军事科学出版社，1998年，第340页。
② 杜正胜：《编户齐民：传统政治社会结构之形成》，联经出版事业公司，1980年，第64—68页。
③ 〔西晋〕杜预注，〔唐〕孔颖达等正义：《春秋左传正义》卷五十四，见〔清〕阮元：《十三经注疏》（清嘉庆刊本），中华书局，2009年，第4637页。
④ 〔西晋〕杜预注，〔唐〕孔颖达等正义：《春秋左传正义》卷十六，见〔清〕阮元：《十三经注疏》（清嘉庆刊本），中华书局，2009年，第3962页。
⑤ 〔西汉〕孔安国传，〔唐〕孔颖达等正义：《尚书正义》卷十八，见〔清〕阮元：《十三经注疏》（清嘉庆刊本），中华书局，2009年，第507页。
⑥ 〔西晋〕杜预注，〔唐〕孔颖达等正义：《春秋左传正义》卷十六，见〔清〕阮元：《十三经注疏》（清嘉庆刊本），中华书局，2009年，第3963页。

赳赳武夫　公侯干城——东周时期的近卫制度

其属帅四夷之隶，各以其兵服守王之门外，且跸。"① 而西周文献与金文中，师氏与虎臣连言，两者关系显然密切，《尚书·顾命》："师氏、虎臣、百尹、御事。"② 毛公鼎铭文："命汝缵司公族，雩三有司、小子、师氏、虎臣，雩朕亵事，以乃族捍敔王身。"（《集成》2841）由师酉簋、师询簋、师克盨等器物铭文可知，其器主皆为师氏，又都掌管近卫军，与《周礼》所记一致。《孟子·尽心下》记武王伐纣"革车三百两，虎贲三千人"③，是笔者所见近卫军兵力最多的记载。《诗经·大雅·大明》："维师尚父，时维鹰扬。凉彼武王，肆伐大商，会朝清明。"郑笺："佐武王者，为之上将。"④ 武王伐纣是以"小邦周"征伐"大邑商"的军事冒险行动，面对巨大的实力差距，周人必定全力以赴，三千人有可能是近卫军的全部兵力，并由担任师氏的师尚父率领。

如上所述，王畿近卫军以十、百、千人为单位的十进制军事组织编组而成，作战时则组成严密的阵法。竹添光鸿指出，《左传》中军队遵循"车徒分离"的规制，即战车与步兵各自编队，各自作战⑤，王畿近卫军也应是如此。与此同时，商周军队一般采取左、中、右三部分组合的阵列方式，也体现在近卫军作战中。师寰簋铭文记周王命令师寰"殿左右虎臣"（《集成》4313），师克盨铭文记周王命师克"缵司左右虎臣"（《集成》4468）。可见近卫军同样分为左、中、右三部分，前述近卫军编组有三百人与三千人两种方式，可能也与这种三阵列的组合有关。

《逸周书·武顺解》有"五五二十五，曰无卒。一卒居前曰开，一卒

---

① 〔东汉〕郑玄注，〔唐〕贾公彦疏：《周礼注疏》卷十四，见〔清〕阮元：《十三经注疏》（清嘉庆刊本），中华书局，2009年，第1575页。

② 〔西汉〕孔安国传，〔唐〕孔颖达等正义：《尚书正义》卷十八，见〔清〕阮元：《十三经注疏》（清嘉庆刊本），中华书局，2009年，第505页。

③ 〔东汉〕赵岐注，〔宋〕孙奭疏：《孟子注疏》卷十四，见〔清〕阮元：《十三经注疏》（清嘉庆刊本），中华书局，2009年，第6035页。

④ 〔西汉〕孔安国传，〔唐〕孔颖达等正义：《尚书正义》卷十六，见〔清〕阮元：《十三经注疏》（清嘉庆刊本），中华书局，2009年，第1094页。

⑤ 〔日〕竹添光鸿：《左氏会笺》，巴蜀书社，第953—956页。

居后曰敦。左右一卒曰间，四卒成卫曰伯"① 的记载，陈恩林据此认为西周晚期产生了"五卒为旅，五旅为师，五师为军"的"五进制"军事编制②。实际上并非如此。先不论西周时期并未产生"军"的层级架构，即使所叙"五进制"本身，也与西周通行的"一车十人"基本编制单元不相容。同时此段话之前，有"五以室成，室成以民生，民民以度"③ 句，显然"五进制"是建立在五口之家的推衍上。以这种小家庭为基础的规划在东周时期颇为流行，《汉书·食货志》载"李悝为魏文侯作尽地力之教"④，即根据"一夫挟五口"的标准。《周礼·地官·小司徒》则将田地划分为上、中、下三等，"上地家七人""中地家六人""下地家五人"。可见，《武顺解》这段记载在一定程度上体现了东周人的理想规划。

二、王畿近卫军的基本职能

依《周礼》所记，王畿近卫军分属宫正、宫伯、师氏、保氏、司右、虎贲氏、旅贲氏、戎右各官管理，尽管名称纷乱、官属不一，然而其职责总结起来可分为两个方面，即护卫王室与出征作战。

（一）护卫王室

王畿近卫军的最重要职责，便是护卫周王及其核心家庭，也就是王室

---

① 黄怀信：《逸周书校补注译》（修订本），三秦出版社，2006年，第153页。其中，"无卒"当为"元卒"。
② 陈恩林：《先秦军事制度研究》，吉林文史出版社，1991年，第85页。
③ 黄怀信：《逸周书校补注译》（修订本），三秦出版社，2006年，第153页。
④ 〔东汉〕班固撰，〔唐〕颜师古注：《汉书》卷二十四上，中华书局，1962年，第1124页。

赳赳武夫　公侯干城——东周时期的近卫制度

成员的人身和财产安全。《周礼》记载，宫正"掌王宫之戒令、纠禁"①，虎贲氏"掌先后王而趋以卒伍。军旅、会同，亦如之。舍则守王闲。王在国，则守王宫"②。《周礼》将周王和王宫的护卫作为近卫军的首要职责，符合当时实际情况。《尚书·顾命》"太保命仲桓、南宫毛，俾爰齐侯吕伋，以二干戈、虎贲百人，逆子钊于南门之外"③，当周成王刚刚去世时，内外汹汹，于是太保召公命武臣仲桓、南宫毛共执干戈，联合齐侯吕伋率领百名近卫军士兵守卫王宫，迎接太子钊顺利即位，成为新一任周王。西周中晚期的师訇簋，其铭文有："率以乃友捍御王身，欲汝弗以乃辟陷于艰。"（《集成》4342）明确近卫军的主要职责在于"捍御王身"。由于近卫军伴随周王左右，掌握王室安全，常常出现在重要政治场合和王室的日常生活中，成为维护王权及其政治秩序稳定运行的重要力量，有时其将领竟能干涉王位废立。师訇簋铭文载周孝王赞扬师訇："向汝彶纯恤周邦，绥立余小子，载乃事。"（《集成》4342）可见师訇在拥立周孝王时发挥了关键作用。正是如此，近卫军将领不仅由周王亲信人员担任，其政治地位也相当高。《尚书·顾命》："乃同召太保奭、芮伯、彤伯、毕公、卫侯、毛公、师氏、虎臣、百尹、御事。"师氏地位在作为事务官的百尹，也即大夫之上，应达到了卿一级。因此，孔疏云："重其所掌，故于虎臣并于百尹之上特言之。"④《尚书·顾命》所记近卫军将士有服冕者，"一人冕，执刘，立于东堂，一人冕，执钺，立于西堂。一人冕，执戣，立于东垂。一人冕，执瞿，立于西垂。一人冕，执锐，立于侧阶"。孔传："冕，皆大夫

---

① 〔东汉〕郑玄注，〔唐〕贾公彦疏：《周礼注疏》卷三，见〔清〕阮元：《十三经注疏》（清嘉庆刊本），中华书局，2009 年，第 1413 页。
② 〔东汉〕郑玄注，〔唐〕贾公彦疏：《周礼注疏》卷三十一，见〔清〕阮元：《十三经注疏》（清嘉庆刊本），中华书局，2009 年，第 1837 页。
③ 〔西汉〕孔安国传，〔唐〕孔颖达等正义：《尚书正义》卷十八，见〔清〕阮元：《十三经注疏》（清嘉庆刊本），中华书局，2009 年，第 507 页。
④ 〔西汉〕孔安国传，〔唐〕孔颖达等正义：《尚书正义》卷十八，见〔清〕阮元校：《十三经注疏》（清嘉庆刊本），中华书局，2009 年，第 505—506 页

也。"① 可见近卫军中有大夫一级的贵族，并作为师氏下属，从侧面证明师氏应是卿级。在金文中常常记载周王赏赐给近卫军将领的命服，如无叀鼎铭文中的"玄衣黹纯"（《集成》2814），匍簋铭文中的"玄衣黹纯、缁韐同衡"（《集成》4321），师西簋铭文中的"赤韐朱衡"（《集成》4288），师克盨铭文中的"赤韐五衡"（《集成》4468），根据陈汉平的研究，玄衣、赤韐、五衡、朱衡皆为高级官员所着服饰②，由此可见近卫军将领权力之重与地位之高。

除王室的人身安全外，王畿近卫军同样保护王室的财产安全，包括货币、物资、宫室建筑与土地。《尚书·顾命》记叙周康王即位典礼云：

> 越七日癸酉，伯相命士须材。狄设黼扆、缀衣。牖间南向，敷重篾席，黼纯，华玉仍几。西序东向，敷重厎席，缀纯，文贝仍几。东序西向，敷重丰席，画纯，雕玉仍几。西夹南向，敷重笋席，玄纷纯，漆仍几。越玉五重，陈宝，赤刀、大训、弘璧、琬琰，在西序。大玉、夷玉、天球、河图，在东序。胤之舞衣、大贝、鼖鼓，在西房。兑之戈、和之弓、垂之竹矢，在东房。大辂在宾阶面，缀辂在阼阶面，先辂在左塾之前，次辂在右塾之前。二人雀弁，执惠，立于毕门之内。四人綦弁，执戈上刃，夹两阶戺。一人冕，执刘，立于东堂。一人冕，执钺，立于西堂。一人冕，执戣，立于东垂。一人冕，执瞿，立于西垂。一人冕，执锐，立于侧阶。③

上述记载分为两部分，第一部分首先列举典礼上的器物陈设，第二部分则自"二人雀弁"开始，记录近卫军士兵的武器装备及站位情况。士兵采用

---

① 〔西汉〕孔安国传，〔唐〕孔颖达等正义：《尚书正义》卷十八，见〔清〕阮元校：《十三经注疏》，中华书局，2009年，第510页。
② 陈汉平：《西周册命制度研究》，学林出版社，1986年，第293页。
③ 〔西汉〕孔安国传，〔唐〕孔颖达等正义：《尚书正义》卷十八，见〔清〕阮元校：《十三经注疏》，中华书局，2009年，第507—510页。

赳赳武夫　公侯干城——东周时期的近卫制度

固定站位而非跟随王室成员的活动路径，显然表明其所警卫的不仅是参与典礼的王室成员与其他贵族，还包括分布各处的王室器物。尹盛平根据这段记载推测周康王即位典礼在宗庙中举行，并可与考古发掘的陕西凤雏甲组西周建筑基址相对应[1]。从中可见，近卫军士兵基本沿门侧及庭院站立，守卫要道及外围位置，这有助于他们兼顾王室人身与财产安全，确保典礼正常举行。

在周王祭祀、征伐、巡狩、检阅、盟誓等外出活动中，近卫军也随王出行保护安全。《周礼·夏官·旅贲氏》："旅贲氏掌执戈盾，夹王车而趋，左八人，右八人，车止则持轮。凡祭祀、会同、宾客，则服而趋。丧纪，则衰葛执戈盾。军旅，则介而趋。"[2] 按周代军制，部队分为左、中、右三军，近卫军编入中军，护卫周王左右，是周军的中坚力量。《左传·桓公五年》记载周郑繻葛之战："王为中军；虢公林父将右军，蔡人、卫人属焉；周公黑肩将左军，陈人属焉。郑子元请为左拒，以当蔡人、卫人；为右拒，以当陈人，曰：'陈乱，民莫有斗心。若先犯之，必奔。王卒顾之，必乱。蔡、卫不枝，固将先奔，既而萃于王卒，可以集事。'从之。"[3] 尽管此时已是东周，王室已然衰微，但此时周王的中军里仍有不少精锐的近卫军士兵，令郑人深感忌惮，不敢正面冲突，而是寻找侧翼陈、蔡等军的破绽，才能扰乱王室近卫军力量。待"蔡、卫、陈皆奔，王卒乱"，祝聃射王中肩，周军溃败，但此时"王亦能军"，杜预注："犹殿而不奔，故言能军也。"竹添光鸿会笺："王虽伤败，亦能整兵不奔。"[4] 而要使军队"不奔"，必须仍保持一定的组织队列与阵型。因此"能军"的不太可能是毫无斗志、一触即溃的陈、蔡等军，更有可能是作为精锐力量的王畿近卫军。

---

① 尹盛平：《周原文化与西周文明》，江苏教育出版社，2005年，第454—457页。

② 〔东汉〕郑玄注，〔唐〕贾公彦疏：《周礼注疏》卷三十一，见〔清〕阮元：《十三经注疏》（清嘉庆刊本），中华书局，2009年，第1837—1838页。

③ 〔西晋〕杜预注，〔唐〕孔颖达等正义：《春秋左传正义》卷六，见〔清〕阮元：《十三经注疏》（清嘉庆刊本），中华书局，2009年，第3795页。

④ ［日］竹添光鸿：《左氏会笺》，巴蜀书社，第166页。

（二）出征作战

近卫军的另一个重要职责是作为精锐部队出征作战。《诗经·小雅·祈父》即描写此事，全诗如下：

> 祈父，予王之爪牙。胡转予于恤，靡所止居？
> 祈父，予王之爪士。胡转予于恤，靡所厎止？
> 祈父，亶不聪。胡转予于恤，有母之尸饔！①

"祈父"是军事长官司马的代称，郑玄笺注此诗曰："此勇力之士责司马之辞也。我乃王之爪牙，爪牙之士当为王闲守之卫，汝何移我于忧，使我无所止居乎？谓见使从军，与姜戎战于千亩而败之时也。"千亩之战发生于周宣王三十九年，故此诗应是当时一名近卫军士兵对司马命令自己从军出征的怨词，反映了近卫军征讨外敌的艰辛与无休止。然而郑玄接下来说，"六军之士，出自六乡，法不取于王之爪牙之士"②，即认为按西周常制，近卫军仅限于护卫，不参与征战的六军中。郑玄此说与历史不符。六军在西周被称作六师，而近卫军作为周王直属部队，本身就是六师的组成部分，同样负有外出征战的使命。《逸周书·克殷解》："（周武）王既以虎贲戎车驰商师，商师大败。"③ 可见武王伐纣，即以近卫军为先锋，与商军交战。在灭商之后，近卫军仍旧征讨残敌。《逸周书·世俘解》："甲申，百弇以虎贲誓，命伐卫。告以馘、俘。"④ 近卫军征战亦见于金文记载，如下例：

---

① 〔西汉〕毛公传，〔东汉〕郑玄笺，〔唐〕孔颖达等正义：《毛诗正义》卷十一，见〔清〕阮元：《十三经注疏》（清嘉庆刊本），中华书局，2009年，第927—928页。
② 〔西汉〕毛公传，〔东汉〕郑玄笺，〔唐〕孔颖达等正义：《毛诗正义》卷十一，见〔清〕阮元：《十三经注疏》（清嘉庆刊本），中华书局，2009年，第927页。
③ 黄怀信：《逸周书校补注译》（修订本），三秦出版社，2006年，第166页。
④ 黄怀信：《逸周书校补注译》（修订本），三秦出版社，2006年，第194页。

赳赳武夫　公侯干城——东周时期的近卫制度

> 王用肇使乃子冬，率虎臣御淮戎。(《集成》2824)
>
> 今余肇命女，率齐师、纪、莱、僰，殿左右虎臣征淮夷。(《集成》4313)

"淮戎""淮夷"均指淮河流域的南淮夷，是西周王朝东南方向的重要族群，该族群作为周朝的贡赋来源之一而屡次遭到征讨。许倬云指出，穆王以后，制服淮夷，当是周公东征以后的另一件大事。① 《诗经·大雅·常武》记载周宣王南伐淮河一带的徐国："进厥虎臣，阚如虓虎。"② 表明近卫军作为主力出现在征伐南淮夷的战争中，并已被看作是一支重要的精锐力量，肩负着为西周王朝开疆拓土的重大使命。《诗经·小雅·祈父》中所描述近卫军士兵被无休止地派出征讨，正是随着西周晚期对外战争的扩大与频繁，周宣王越来越依靠这支精锐部队征战的见证，以至于士兵常年在外，无法回乡奉养父母而抱怨。孔颖达认为士兵怨恨是因为"不为车右，盖使之为步卒，故恨也"③，则不免有些迂腐。因为武王伐纣已经是"戎车三百乘，虎贲三千人"，显然近卫军士兵不可能全是车右，因此恨意也就无从谈起。

东周时期，由于王室的衰落，周天子对外争伐已大为减少，但考虑到周代礼法对王室影响尤深，对外征伐这一王畿近卫军的基本职能，在东周时期应依然保留着。

---

① 许倬云：《西周史》（增补二版），生活·读书·新知三联书店，2012年，第305页。

② 〔西汉〕毛公传，〔东汉〕郑玄笺，〔唐〕孔颖达等正义：《毛诗正义》卷十八之一，见〔清〕阮元：《十三经注疏》（清嘉庆刊本），中华书局，2009年，第1243页。

③ 〔西汉〕毛公传，〔东汉〕郑玄笺，〔唐〕孔颖达等正义：《毛诗正义》卷十一之一，见〔清〕阮元：《十三经注疏》（清嘉庆刊本），中华书局，2009年，第928页。

三、王畿近卫军的兵士来源

(一) 族、友与国子

近卫军的兵力主要来自两类群体,一类是贵族的"族""友"与"国子",即贵族的家属子弟。毛公鼎铭文"以乃族捍敔王身"(《集成》2841),师訇簋铭文"率以乃友捍御王身"(《集成》4342),都反映了"族"或"友"来护卫周王。"族"即族人,是贵族成员,而"友"指贵族的平辈兄弟。《尚书·康诰》:"元恶大憝,矧惟不孝不友?"孔疏引《尔雅·释亲》"善父母为孝,善兄弟为友"[①],"孝友"是西周春秋通行的家族伦理观念,《诗经·小雅·六月》"张仲孝友"[②],《国语·晋语》"孝友二虢"[③],《论语·为政》"《书》云:'孝乎!惟孝友于兄弟,施于有政。'"[④] 钱宗范认为"友"作名词,即指同族兄弟[⑤]。"友"又常见于金文中,并衍生出"多友""朋友"等词,如以下各例:

多友赍,辛,万年惟仁。(《集成》2660)

[①] 〔西汉〕孔安国传,〔唐〕孔颖达等正义:《尚书正义》卷十四,见〔清〕阮元校:《十三经注疏》,中华书局,2009年,第434页。

[②] 〔西汉〕毛公传,〔东汉〕郑玄笺,〔唐〕孔颖达等正义:《毛诗正义》卷十,见〔清〕阮元:《十三经注疏》(清嘉庆刊本),中华书局,2009年,第910页。

[③] 徐元诰撰,王树民、沈长云点校:《国语集解》(修订本),中华书局,2002年,第361页。

[④] 〔三国·魏〕何晏等注,〔宋〕邢昺疏:《论语注疏》卷二,见〔清〕阮元:《十三经注疏》(清嘉庆刊本),中华书局,2009年,第5349页。

[⑤] 钱宗范:《"朋友"考》,见朱东润:《中华文史论丛》(第八辑),上海古籍出版社,1978年,第272—282页。

赳赳武夫　公侯干城——东周时期的近卫制度

> 用好宗庙，享夙夕，好倗友雩百诸婚媾。（《集成》4331）
>
> 其用享孝于皇神、祖考，于好倗友。（《集成》4452）

朱凤瀚指出，这些贵族祭祀祖先、祈福祈寿的祭器，也用来宴享"友"，甚至"友"还与贵族本人一起做器祭祀祖先。按照鬼神不歆非族的观念，"友"应当是做器者的亲属。同时祭器与宴"友"共器，体现了"孝友"的观念，可见"友"指族兄弟[①]。值得注意的是，"捍御王身"的"族"与"友"，是指近卫军将领的亲属成员，周王命令其"族""友"共同参加近卫军共同担负职责，正是周人积极利用家族力量，以家族武装维护王朝政治格局的体现。

与作为近卫军将领亲属的"族""友"不同，"国子"则明确指数量众多的年轻贵族成员。《周礼·地官·师氏》"以三德教国子"，郑玄注："国子，公卿大夫之子弟。"[②]《周礼》中又有作为王宫宿卫的"庶子"，或称"士庶子"。《周礼·天官·宫伯》"掌王宫之士庶子，凡在版者"，郑玄注引郑众语："庶子，宿卫之官。"[③]《周礼·地官·稾人》"若飨耆老孤子士庶子共其食"，郑玄注："士庶子，卿大夫士之子弟宿卫王宫者。"[④] 可见"国子"与"庶子"在概念上有重合。关于两者关系，清代学者孙诒让作了明确辨析：

> 周时凡贵族子弟，无论嫡庶，并谓之国子，师氏所教、保氏所养、诸子所掌者是也。国子之中，嫡者谓之门子，小宗伯所掌者是也。其以才艺选择为宿卫及给侍御守围者，谓之士庶子，则无嫡庶之

[①] 朱凤瀚：《商周家族形态研究》，天津古籍出版社，2004年，第297页。

[②] 〔东汉〕郑玄注，〔唐〕贾公彦疏：《周礼注疏》卷十四，见〔清〕阮元：《十三经注疏》（清嘉庆刊本），中华书局，2009年，第1573页。

[③] 〔东汉〕郑玄注，〔唐〕贾公彦疏：《周礼注疏》卷三，见〔清〕阮元：《十三经注疏》（清嘉庆刊本），中华书局，2009年，第1415页。

[④] 〔东汉〕郑玄注，〔唐〕贾公彦疏：《周礼注疏》卷十六，见〔清〕阮元：《十三经注疏》（清嘉庆刊本），中华书局，2009年，第1617页。

分。其备宿卫者，亦不必王宫内诸吏之子也。凡士庶子或出于王族，其在侯国谓之公族……或出于异姓卿大夫士子弟……综校全经，士庶子内备宿卫，外从巡狩，且岁时有飨，死伤有吊劳，职任既亲，恩礼犹备，其为贵游子弟，殆无疑义。①

孙诒让所辨甚明，"庶子"为近卫军将士，从作为贵族子弟的"国子"中选拔而来，与近卫军中有"士"爵的低级贵族合称"士庶子"。前述近卫军战车有甲士三人，而甲士一般由国人担任，包括大量贵族。而车战所必需的射、御二艺，也只有贵族才能训练掌握，因此在近卫军战车甲士中必定有不少贵族子弟。《左传·襄公三十年》："单公子愆期为灵王御士，过诸廷……王曰：'童子何知！'"② 单公子愆期担任守卫服役王廷，周灵王又说他是"童子"，可见，东周时期仍沿袭着以年轻贵族子弟选任近卫军的制度。而在周王室的影响下，当时诸侯国的近卫军将士也多从贵族子弟中选拔。《礼记·文王世子》："公若有出疆之政，庶子以公族之无事者守于公宫。"③《战国策·赵策》："左师公曰：'老臣贱息舒祺最少，不肖。而臣衰，窃爱怜之。愿令得补黑衣之数，以卫王宫。没死以闻。'"④ 贵族子弟守卫国君安全的制度，延续至秦汉时期，演变为选用官僚子弟担任禁省郎官及宿卫的禁卫制度。

王畿近卫军将士选用族、友以及国子等贵族家属子弟，是周王朝重视利用家族血缘纽带以服务现实政治军事的表现。《汉书·地理志》："周公始封，太公问'何以治鲁？'周公曰：'尊尊而亲亲。'"⑤ 所谓"尊尊而亲

---

① 〔清〕孙诒让撰，王文锦、陈玉霞点校：《周礼正义》，中华书局，2013年，第231—232页。
② 〔西晋〕杜预注，〔唐〕孔颖达等正义：《春秋左传正义》卷四十，见〔清〕阮元：《十三经注疏》（清嘉庆刊本），中华书局，2009年，第4369页。
③ 〔东汉〕郑玄注，〔唐〕孔颖达等正义：《礼记正义》卷二十，见〔清〕阮元：《十三经注疏》（清嘉庆刊本），中华书局，2009年，第3049页。
④ 何建章：《战国策注释》，中华书局，1990年，第801页。
⑤ 〔东汉〕班固撰，〔唐〕颜师古注：《汉书》卷二十八下，中华书局，1962年，第1662页。

赳赳武夫　公侯干城——东周时期的近卫制度

亲",是指君臣政治秩序与家族血缘关系相互融合而成一体,形成子弟服从长辈、小宗服从大宗的家族本位政治格局。《礼记·大传》:"尊祖故敬宗,敬宗,尊祖之义也。"孔疏:"尊崇其祖,故敬宗子,所以敬宗子者,尊崇先祖之义也。"① 大小宗之间的亲属关系因而被高度政治化、君臣化,往往小宗作为大宗的下属而听从其命令。如虞簋铭文:"虞拜稽首,休朕宝君公伯,赐厥臣弟虞……虞弗敢忘公伯休,对扬伯休。"(《集成》4167) 虞作为公伯之弟,不仅称臣,而且在接受公伯赏赐时十分恭敬,表明诸兄弟之间的宗法等级关系,已采取了政治上的君臣隶属关系的形式。② 在征伐作战时,小宗要随大宗出征,并有义务保卫大宗,如班簋铭文记载周王命令:"以乃族从父征,诞城卫父身。"(《集成》4341) 正如王国维在《殷周制度论》所指出的,古人言周制尚文者,盖兼综数义而不专主一义之谓,周人以尊尊之义经亲亲之义而立嫡庶之制,又以亲亲之义经尊尊之义而立庙制,此其所以为文也。③ 嫡庶制是将君臣上下的责任融入兄弟关系中,庙制则是在祖先祭祀的等级中尊重人伦孝亲的意愿。每一位贵族的义务与权利在"尊尊而亲亲"中得到有效统一,使周人构建起各家族有序服事,共同拱卫天下共主的利益与伦理共同体,保卫这个共同体是所有贵族的共同义务。从班簋铭文的记载可以看出,周王一方面在广大地域推行分封制以巩固和扩大西周王朝的统治范围,所谓"封建亲戚,以藩屏周"④;另一方面在王畿地区则选取贵族家属子弟担任近卫军将士,借以培养其宗族子弟对周王的亲近感和忠诚性,加快其融入贵族政治集团的步伐,也为周王选拔人才提供充足的备选人员。

---

① 〔东汉〕郑玄注,〔唐〕孔颖达等正义:《礼记正义》卷三十四,见〔清〕阮元:《十三经注疏》(清嘉庆刊本),中华书局,2009年,第3268—3269页。
② 朱凤瀚:《商周家族形态研究》,天津古籍出版社,2004年,第310页。
③ 王国维:《观堂集林》,中华书局,1959年,第468页。
④ 〔西晋〕杜预注,〔唐〕孔颖达等正义:《春秋左传正义》卷十五,见〔清〕阮元:《十三经注疏》(清嘉庆刊本),中华书局,2009年,第3944页。

(二) 夷族

王畿近卫军的另一个主要来源是外族群体，统称为夷族。《周礼·地官·师氏》："使其属帅四夷之隶，各以其兵服守王之门外，且跸。"①《周礼·秋官·司隶》："掌帅四翟之隶，使之皆服其邦之服，执其邦之兵，守王宫与野舍之厉禁。"② 王祥认为西周并无"隶"字，"夷""隶"同音，故"隶"实是"夷"③，其说甚是。在金文中，参加近卫军的夷族就写作"某夷"。师酉簋铭文载："王乎史墙册命师酉：嗣乃祖，嫡官邑人、虎臣、西门夷、㝬夷、秦夷、京夷、弁身夷。"（《集成》4288）询簋铭文载："今余命汝嫡官司邑人，先虎臣后庸：西门夷、秦夷、京夷、㝬夷、师笭、侧薪、□豸夷、弁身夷、厨人、成周走亚、戍、秦人、降人、服夷。"（《集成》4321）所谓"邑人"，历来众说纷纭。李福泉认为邑人是私邑上的人④。史党社认为邑人是特定的里籍，很可能指周都镐京的居民⑤。翁志雄则指出邑人是居住在周王直辖的西土都邑中的庶民⑥。邑人亦见于师晨鼎铭文，其中以"邑人"与"郑人"对举，且两者都有"膳夫"及"官、守、友"，可见邑人应当是某种特定身份的群体。黄盛璋认为邑人包括虎臣与庸⑦，其说可从。师晨鼎铭文所记载邑人包括"小臣、膳夫、守、[友]、官、犬"（《集成》2817），而此鼎铭文称"邑人膳夫"（《集成》

---

① 〔东汉〕郑玄注，〔唐〕贾公彦疏：《周礼注疏》卷十四，见〔清〕阮元：《十三经注疏》（清嘉庆刊本），中华书局，2009年，第1575页。
② 〔东汉〕郑玄注，〔唐〕贾公彦疏：《周礼注疏》卷三十六，见〔清〕阮元：《十三经注疏》（清嘉庆刊本），中华书局，2009年，第1909页。
③ 王祥：《说虎臣与庸》，《考古》1960年第5期。
④ 李福泉：《询簋铭文的综合研究》，《湖南师范学院学报（哲学社会科学版）》1979年第2期。
⑤ 史党社：《西周金文中的"秦夷"问题》，见曹玮：《秦始皇帝陵博物院2012》，三秦出版社，2012年，第239—267页。
⑥ 翁志雄：《西周庶人研究》，硕士学位论文，华东师范大学，2020年。
⑦ 黄盛璋：《关于询簋的制作年代与虎臣的身份问题》，《考古》1961年第6期。

2821)，师痶簋盖铭文称"邑人师氏"（《集成》4283），其管理均由周王直接派员负责。由此可见邑人应指负责周王室生活起居、娱乐与安全等事项的近侍勤务人员，即后世内朝官的前身；"邑人＋某官"的辞例也即指邑人中的某项服事之人。而虎臣作为周王的近卫部队，正属于邑人的范畴。庸即《诗经·大雅·崧高》中"因是谢人，以作尔庸"①之庸，诸家一般认为是部队负责杂役的仆佣后勤人员，因此虎臣与庸并提，构成了王畿近卫军武装力量的重要组成部分。

　　訇簋铭文中的虎臣与庸包括众多"夷"与"人"，由于资料缺乏，难以一一分辨何为"虎臣"，何为"庸"。然而与师酉簋铭文对读，可知虎臣至少包括"西门夷、𢎯夷、秦夷、京夷、弁身夷"等外族。李福泉认为西门夷在河东、大阳一带，即山西晋南地区②。史党社认为在陕西岐周以东③。秦夷与戍秦人即嬴秦祖先，在陕西宝鸡以及甘肃陇西一带④。京历来有山西、陕西二说，陈梦家以为在山西平遥东⑤。李福泉认为在陕西彬县一带⑥。史党社以为在陕西宝鸡周原⑦。李峰根据克钟铭文，认为应在

---

① 〔西汉〕毛公传，〔东汉〕郑玄笺，〔唐〕孔颖达等正义：《毛诗正义》卷十八，见〔清〕阮元：《十三经注疏》（清嘉庆刊本），中华书局，2009 年，第 1221 页。

② 李福泉：《訇簋铭文的综合研究》，《湖南师范学院学报（哲学社会科学版）》1979 年第 2 期。

③ 史党社：《秦人早期历史的相关问题》，见秦始皇兵马俑博物馆《论丛》编委会：《秦文化论丛》（第六辑），西北大学出版社，1998 年，第 75—91 页。

④ 秦夷与戍秦人的问题因可能与嬴秦族源相关，故而聚讼最多。徐中舒、陈梦家认为秦夷即商周之际西迁的嬴秦族。尚志儒、史党社认为嬴姓族至周孝王时始与秦地结合，而訇簋年代更在其前，故而秦夷、戍秦人与嬴秦无关。先不论訇簋年代本身异说纷纭，近出清华简《系年》亦记载原在东方的秦人在周初西迁陇右"世作周卫"的历史，印证了徐、陈二先生说，为多数学者所信从。赵化成并认为秦夷与戍秦人系秦人西迁后分化出来的两支族群，其说可从。

⑤ 陈梦家：《西周铜器断代》，中华书局，2004 年，第 285 页。

⑥ 李福泉：《訇簋铭文的综合研究》，《湖南师范学院学报（哲学社会科学版）》1979 年第 2 期。

⑦ 史党社：《秦人早期历史的相关问题》，见秦始皇兵马俑博物馆《论丛》编委会：《秦文化论丛》（第六辑），西北大学出版社，1998 年，第 75—91 页。

陕西彬县泾河以北高地上①。鼻夷，陈梦家以为即《周礼》的貉隶，《诗经·大雅·韩奕》的貊②。李福泉认为原居陕西北境③。辛怡华认为即西迁的薄姑氏，在陕西宝鸡以东的渭河南岸④。弁字，陈梦家释为箕，认为在晋南地区⑤。余少红释为瓜字，读作狐，可能是戴狐皮帽之夷⑥。辛怡华则认为即《史记·曹相国世家》中的"下辩"，在甘肃成县一带⑦。以上訇簋铭文与师酉簋铭文共同记载的五种夷族虎臣，诸家所说虽各异，然而其来源范围大致为西周王畿周围的外族族群。

在五种夷族之外，訇簋铭文另记载所管理的八种人。其中"师笭、侧薪"可明确为虎臣之庸。师笭可能是制造战车车厢的工匠，《说文》："笭，车笭也。"陈梦家以为笭通图，或指师旅囚系⑧。郭沫若认为侧薪是锄薪、薪樵之类的贱役⑨。除此之外，其余或属于虎臣，或属于庸，然而仍以外族居多。其中□豸夷虽然名称不全，却可以从与猃狁、狄、貉、貊等字所从部首相同的豸字中看出，该族群亦应指某个外族群体。厮字，陈梦家读作殴，以为指称俘虏⑩。李福泉则认为是一支以乌鸟为图腾的东方部族，

---

① 李峰著，徐峰译，汤惠生校：《西周的灭亡》，上海古籍出版社，2007年，第186页。
② 陈梦家：《西周铜器断代》，中华书局，2004年，第285页。
③ 李福泉：《訇簋铭文的综合研究》，《湖南师范学院学报（哲学社会科学版）》1979年第2期。
④ 辛怡华：《西周时期关中西部的"秦夷"及相关问题》，见吴永琪主编，秦始皇兵马俑博物馆《论丛》编委会编：《秦文化论丛》（第十辑），三秦出版社，2003年，第147—156页。
⑤ 陈梦家：《西周铜器断代》，中华书局，2004年，第285页。
⑥ 余少红：《师酉簋铭文中的"瓜"字》，《华夏考古》2009年第1期。
⑦ 辛怡华：《西周时期关中西部的"秦夷"及相关问题》，见吴永琪主编，秦始皇兵马俑博物馆《论丛》编委会编：《秦文化论丛》（第十辑），三秦出版社，2003年，第147—156页。
⑧ 陈梦家：《西周铜器断代》，中华书局，2004年，第285页。
⑨ 郭沫若：《弭叔簋及訇簋考释》，《文物》1960年第2期。
⑩ 陈梦家：《西周铜器断代》，中华书局，2004年，第286页。

赳赳武夫　公侯干城——东周时期的近卫制度

即文献中的于夷，原在江苏宿迁①。成周走亚是成周地区步兵将领。戍和秦人应当连读，在文献和金文中都不乏"戍某地"的辞例②，戍秦人也就是戍守秦地的军民。有关降人、服夷的释读，陈梦家认为降人是"华族降顺的人"，服夷是"异族臣服的夷"③。李福泉则认为降人是山西绛水流域的赤狄别种，服夷是宗周钟铭文中的"南国服子"，是居住在江汉之间以渔舟为业的部族④。然而王进锋指出，西周金文中的"降"只表示降下，至春秋时期随着投降礼仪的形成，才开始具有投降、降服的含义⑤。如此则应从李说。由此可见，这部分人群有来自遥远的江汉淮河流域的族群。兮甲盘铭文云："淮夷旧我帛晦人，毋敢不出其帛、其积、其进人。"（《集成》10174）据此推测，淮夷进贡给西周王朝的人员，可能有一部分就做了虎臣或庸。

王畿近卫军选用外族人员，有助于强化对周边外族群体的控制与安抚。外族通过向周王朝提供近卫军将士，展现了自身的忠诚与服从。近卫军则成为双方沟通联系的平台与纽带。同时，王畿近卫军参与王朝所举行的重要政治活动，其繁复的仪式、等级分明的礼制，以及稳定有序的政治秩序，都能够使近卫军成员耳濡目染，并产生捍卫周王朝及王室的崇高感和使命感，外族人员自然也会受此影响，从而进一步认同、融入西周国家共同体的制度与文化。

值得注意的是，依《周礼》记载，阍人"掌守王宫之中门之禁"⑥，隶

---

　①　李福泉：《匐簋铭文的综合研究》，《湖南师范学院学报（哲学社会科学版）》1979年第2期。

　②　商艳涛：《西周军事铭文研究》，华南理工大学出版社，2013年，第315—316页。

　③　陈梦家：《西周铜器断代》，中华书局，2004年，第286页。

　④　李福泉：《匐簋铭文的综合研究》，《湖南师范学院学报（哲学社会科学版）》1979年第2期。

　⑤　王进锋：《从"降"字字义演变看先秦投降礼仪的形成》，《云南社会科学》2008年第2期。

　⑥　〔东汉〕郑玄注，〔唐〕贾公彦疏：《周礼注疏》卷七，见〔清〕阮元：《十三经注疏》（清嘉庆刊本），中华书局，2009年，第1477页。

仆"掌跸宫中之事"①,"墨者使守门,劓者使守关,宫者使守内,刖者使守囿,髡者使守积"②,由此,王祥指出,西周时期守王宫、王门的还有罪隶、刑人。西周青铜器刖人守门鼎的出土印证了"刖者使守囿",提高了《周礼》相关记载的可信度③。然而罪隶、刑人并不是近卫军士兵的来源。先秦的刑罚体系以肉刑为主,《尚书·吕刑》:"墨罚之属千,劓罚之属千,剕罚之属五百,宫罚之属三百,大辟之罚其属二百。五刑之属三千。"④ 所谓"五刑"均为实施肉体永久伤害的肉刑,与以无偿劳役代替肉体惩罚的徒刑相对立,是商周时期的主要刑罚方式。施加肉刑的罪隶、刑人往往只能从事贱役、杂役工作,《史记·刺客列传》记载豫让刺杀赵襄子"乃变名姓为刑人,入宫涂厕"⑤,足证当时刑人地位之低下。如前所述,王畿近卫军通称"虎臣",形容高大威猛的战士,是周王所掌握的精锐力量,参与重要政治活动,这均与罪隶、刑人的形象与处境相矛盾,罪隶、刑人更不会被作为近卫士兵而授予武器。郭沫若认为訇簋铭文中的侧薪是秦汉刑罚体系中"鬼薪"的前身⑥,则罪隶、刑人是作为近卫军的庸而担负薪樵的贱役。从侧面证明即使罪隶、刑人守王宫、王门,也只能从事守夜人之类的后勤杂役工作。

---

① 〔东汉〕郑玄注,〔唐〕贾公彦疏:《周礼注疏》卷三十一,见〔清〕阮元:《十三经注疏》(清嘉庆刊本),中华书局,2009年,第1842页。
② 〔东汉〕郑玄注,〔唐〕贾公彦疏:《周礼注疏》卷三十六,见〔清〕阮元:《十三经注疏》(清嘉庆刊本),中华书局,2009年,第1908页。
③ 王祥:《说虎臣与庸》,《考古》1960年第5期。
④ 〔西汉〕孔安国传,〔唐〕孔颖达等正义:《尚书正义》卷十九,见〔清〕阮元:《十三经注疏》(清嘉庆刊本),中华书局,2009年,第531页。
⑤ 〔西汉〕司马迁:《史记》卷八十六,中华书局,1982年,第2519页。
⑥ 郭沫若:《弭叔簋及訇簋考释》,《文物》1960年第2期。

赳赳武夫　公侯干城——东周时期的近卫制度

四、近卫军的军事训练与检阅

为了维持近卫军的精锐，其将士的日常训练受到周朝统治者的高度重视。《周礼·地官·师氏》曰：

> 以三德教国子：一曰至德，以为道本；二曰敏德，以为行本；三曰孝德，以知逆恶。教三行：一曰孝行，以亲父母；二曰友行，以尊贤良；三曰顺行，以事师长。居虎门之左，司王朝。掌国中失之事，以教国子弟，凡国之贵游子弟学焉。凡祭祀、宾客、会同、丧纪、军旅，王举则从。听治亦如之。使其属帅四夷之隶，各以其兵服守王之门外，且跸。朝在野外，则守内列。①

《周礼·地官·保氏》曰：

> 掌谏王恶，而养国子以道。乃教之六艺：一曰五礼，二曰六乐，三曰五射，四曰五驭，五曰六书，六曰九数。乃教之六仪：一曰祭祀之容，二曰宾客之容，三曰朝廷之容，四曰丧纪之容，五曰军旅之容，六曰车马之容。凡祭祀、宾客、会同、丧纪、军旅，王举则从；听治亦如之。使其属守王闱。②

师氏与保氏是近卫军将领，国子即贵族子弟，是近卫军的骨干力量，由此

---

① 〔东汉〕郑玄注，〔唐〕贾公彦疏：《周礼注疏》卷十四，见〔清〕阮元：《十三经注疏》（清嘉庆刊本），中华书局，2009年，第1573—1575页。
② 〔东汉〕郑玄注，〔唐〕贾公彦疏：《周礼注疏》卷十四，见〔清〕阮元：《十三经注疏》（清嘉庆刊本），中华书局，2009年，第1575—1576页。

可见，《周礼》所述是师氏和保氏对国子推行"三德三行"与"六艺六仪"教育，包括思想、伦理、政治、军事、宗教、礼仪、音乐、文化等内容。《国语·鲁语下》："天子有虎贲，习武训也。"① 军事教育是参加近卫军的贵族子弟日常训练重点项目，主要表现为射礼与大蒐礼。

贵族之间教练、比试射艺的活动被称为射礼。杨宽认为，周代的射礼起源于借助田猎来进行的军事训练，因而具有军事教练的性质②。根据文献记载，周代射礼的程序分为三番射，其中第一番是射艺教练，由贵族子弟参加；第二番是射艺比赛，由主人、众宾和贵族子弟参加；第三番是射艺挑战，参加人员与第二番相同。三番射从简到难，每一番由司射主持，采取分组比试的形式，有请射、比耦、命射、耦射、取矢等步骤，第三番还需要奏乐，根据音乐节奏来比试射艺，注重培养贵族的勇敢、专注、决断等精神，增强合作能力。商周以车战为战斗主流形式，射艺是车战所必需的军事技能，因而也是贵族子弟必须参加的军事训练。

根据金文记载，西周举行射礼的地点有辟雍、大池、辟池、射庐、宣榭等。辟雍是贵族举行典礼、集会和训练子弟的学校礼堂，周围以水池环绕，此水池即"大池"或"辟池"。《诗经·大雅·灵台》："於论鼓钟，於乐辟雍。"毛传："水旋丘如璧曰辟雍。"③《白虎通》："辟者，璧也。象璧圆，以法天也。雍者，壅之以水，象教化流行也。"④ 麦尊铭文："在辟雍，王乘于舟，为大丰，王射大鸿禽"（《集成》6015），即周王在辟雍旁大池举行射礼的记载。而宣榭则是宗庙内专门举行射礼的训练场，在金文中又写作"宣射"，䚄簋铭文："惟二年正月初吉，王在周卲宫。丁亥，王格于宣射"（《集成》4296），可见宣射即在周昭王的宗庙中。《尔雅·释宫》

---

① 徐元诰撰，王树民、沈长云点校：《国语集解》，中华书局，2002年，第187页。
② 杨宽：《西周史》，上海人民出版社，2003年，第716—727页。
③〔西汉〕毛公传，〔东汉〕郑玄笺，〔唐〕孔颖达等正义：《毛诗正义》卷十六之六，见〔清〕阮元：《十三经注疏》（清嘉庆刊本），中华书局，2009年，第1130页。
④〔清〕陈立撰，吴则虞点校：《白虎通疏证》，中华书局，1994年，第259页。

赳赳武夫　公侯干城——东周时期的近卫制度

"无室曰榭",邢疏:"屋歇前无壁者名榭,其制如今厅事也。"① 榭为无壁的厅堂样式,正是为了射箭方便。由于榭的教学属性,在文献中又转写为序,演化为学校的代称。《孟子·滕文公上》:"序者射也,夏曰校,殷曰序,周曰庠,学则三代共之。"②《礼记·学记》:"古之教者,家有塾,党有庠,术有序,国有学。"③ 由此可见,射礼在学校和宗庙这样的公共场所举行,强化了贵族军事训练的教育和传承意义。

西周统治者有时在祭祀前举行射礼,并将射礼的捕获物用作祭祀的牺牲。《礼记·射义》:"天子将祭,必先习射于泽。"④《左传·隐公五年》:"鸟兽之肉,不登于俎,皮革齿牙骨角毛羽,不登于器,则公不射,古之制也。"⑤ 有时在祭祀后举行射礼,作为主宾双方的娱乐活动,麦方尊铭文、伯唐父鼎铭文都记载周王祭祀后的射礼。《礼记·射义》引逸诗《貍首》"曾孙侯氏,四正具举。大夫君子,凡以庶士,小大莫处,御于君所。以燕以射,则燕则誉",并说明:"言君臣相与尽志于射,以习礼乐,则安则誉也。"⑥ 然而,射礼的更大意义还在于持续培育贵族的军事才能,保持其尚武精神,为王朝选拔人才奠定坚实的基础。

周朝统治者高度重视射艺的训练,甚至将其作为比礼乐更重要的教学项目。《礼记·射义》:"是故古者天子以射选诸侯、卿、大夫、士。射者,

---

① 〔东晋〕郭璞注,〔宋〕邢昺疏:《尔雅注疏》卷五,见〔清〕阮元:《十三经注疏》(清嘉庆刊本),中华书局,2009年,第5652页。
② 〔东汉〕赵岐注,〔宋〕孙奭疏:《孟子注疏》卷五上,见〔清〕阮元:《十三经注疏》(清嘉庆刊本),中华书局,2009年,第5877页。
③ 〔东汉〕郑玄注,〔唐〕孔颖达等正义:《礼记正义》卷三十六,见〔清〕阮元:《十三经注疏》(清嘉庆刊本),中华书局,2009年,第3297页。
④ 〔东汉〕郑玄注,〔唐〕孔颖达等正义:《礼记正义》卷六十二,见〔清〕阮元:《十三经注疏》(清嘉庆刊本),中华书局,2009年,第3667页。
⑤ 〔西晋〕杜预注,〔唐〕孔颖达等正义:《春秋左传正义》卷三,见〔清〕阮元:《十三经注疏》(清嘉庆刊本),中华书局,2009年,第3749页。
⑥ 〔东汉〕郑玄注,〔唐〕孔颖达等正义:《礼记正义》卷六十二,见〔清〕阮元:《十三经注疏》(清嘉庆刊本),中华书局,2009年,第3664页。

男子之事也。"① 这里的"古者",可能指的就是西周时期,因为在金文中有不少贵族及其子弟进行射箭训练和比试的记载,如静簋铭文:

> 唯六月初吉,王在䧅京,丁卯,王令静司射学宫,小子眔服、眔小臣、眔夷仆学射。雩八月初吉庚寅,王与吴术、吕犅俗蠱蓝师邦君射于大池。静教无尤。王赐静鞞璲。静敢拜稽首,对扬天子丕显休,用作文母外姞尊簋,子子孙孙,其万年用。(《集成》4273)

簋铭中的"吴来""吕刚",唐兰认为即班簋铭文的"吴伯""吕伯",均为周穆王身边重要的军事将领②。铭文记载周穆王命令静负责教育训练贵族子弟射艺,并在两个月后公开考核静的教学成果,对静完成任务感到满意而进行赏赐。这样的奖惩不仅施于训练者,也施于受训者,如柞伯簋铭文:

> 惟八月晨在庚申,王大射在周。王命南宫率王多士,师酓父率小臣。王䢔赤金十板。王曰:"小子、小臣,敬友!又获则取。"柞伯十称弓无废矢。王则畀柞伯赤金十板,诞赐枳棘。柞伯用作周公宝尊彝。③

小子即贵族小宗,包括贵族子弟,小臣即亲信侍从。簋铭记载了周王与贵族及其子弟所举行的射礼,并准备"赤金十钣"作为奖品,最后柞伯因表现优异而获得此奖赏。由此可见,周王通过举行射礼对训练者和受训者共同进行考核与奖惩,体现周朝对贵族子弟人才培养和军事训练的特别重视。

---

① 〔东汉〕郑玄注,〔唐〕孔颖达等正义:《礼记正义》卷六十二,见〔清〕阮元:《十三经注疏》(清嘉庆刊本),中华书局,2009年,第3663页。
② 唐兰:《西周青铜器铭文分代史征》,上海古籍出版社,2016年,第370页。
③ 王龙正、姜涛、袁俊杰:《新发现的柞伯簋及其铭文考释》,《文物》1998年第9期。

赳赳武夫　公侯干城——东周时期的近卫制度

射礼不仅是贵族子弟教育的重要项目，也是贵族获取周王青睐与赏赐的重要途径，如伯唐父鼎铭文：

> 乙卯，王飨蒡京，[王]来，辟舟临舟龙，咸来。伯唐父告备，王格来辟舟，临来白旂。[用]射兕、挚虎、貉、白鹿、白狐于辟池。咸，[唐父]蔑历，赐秬鬯一卣、贝五朋。对扬王休，用作安公宝尊彝。（《铭图》2449）

鼎铭记载了伯唐父因出色的射艺而受到周王嘉奖，可见射礼是周王考察贵族的重要途径。在传世文献和金文中，周王常常赐予贵族弓矢，甚至形成了不同弓矢对应不同等级的制度，从侧面反映射礼在军事教育和人才选拔所具有的象征意义，这也是《射义》所叙天子以射选拔贤能观念的滥觞。

《周礼》记载，保氏负责贵族子弟的射艺训练，师氏负责其德行教育。而在金文中并不如此区分，令鼎铭文："王大籍农于諆田，觞，王射，有司眾师氏、小子佮射。"（《集成》2803）该铭文记载师氏率领小子参与周王举行的射礼，说明是由师氏负责这批贵族子弟的射艺训练，并接受周王检阅与考察。相应的，《周礼》记载中由保氏负责的军事训练，实际上也应由师氏担负。师氏广泛而深度指导贵族子弟的军事教育，促使师的内涵发生变化。杨宽指出，西周太学以军事训练为主，教师多由军官担任，因此使师由军官的称号逐渐转变为教师的通称[①]。东周以后，武官的称号转变为将军、校尉，师的教育含义则一直保留下来，传承至今日，可见周朝贵族子弟军事训练影响的深远。

与射礼注重车战之间的对抗，强调个人技能的训练取向相异，大蒐礼则是车战与步兵的配合演练，强调集体作战的指挥与阵型。所谓大蒐，本义为大规模的田猎活动。《尔雅·释天》："春猎为蒐，夏猎为苗，秋猎为

---

① 杨宽：《西周史》，上海人民出版社，2003年，第679—684页。

狝，冬猎为狩。"① 可见蒐、苗、狝、狩同义，都是指田猎活动，只是因季节而名称各异。《左传·隐公五年》："故春蒐夏苗，秋狝冬狩，皆于农隙以讲事也。"②《国语·周语》："王治农于籍，蒐于农隙，狝于既烝，狩于毕时，耨获亦于籍，是皆习民数者也。"③ 大蒐之所以在农闲时举行，是因为当时实行兵农合一的军事体制，往往通过大蒐礼将农闲的国人集中编组，利用围猎活动的阵型、追逐、射击、刺杀、搜捕等形式，进行集体军事演习。《国语·齐语》："春以蒐振旅，秋以狝治兵。"④《周礼·夏官·大司马》进一步对大蒐礼有详细记载：

> 中春，教振旅，司马以旗致民，平列陈，如战之陈，辨鼓铎镯铙之用，王执路鼓，诸侯执贲鼓，军将执晋鼓，师帅执提，旅帅执鼙，卒长执铙，两司马执铎，公司马执镯，以教坐作进退疾徐疏数之节，遂以蒐田，有司表貉，誓民，鼓，遂围禁，火弊，献禽以祭社。
>
> 中夏，教茇舍，如振旅之陈，群吏撰车徒，读书契，辨号名之用，帅以门名，县鄙各以其名，家以号名，乡以州名，野以邑名，百官各象其事，以辨军之夜事，其他皆如振旅，遂以苗田，如蒐之法，车弊，献禽以享礿。
>
> 中秋，教治兵，如振旅之陈，辨旗物之用，王载大常，诸侯载旂，军吏载旗，师都载旜，乡遂载物，郊野载旐，百官载旟，各书其事与其号焉，其他皆如振旅，遂以狝田，如蒐田之法，罗弊，致禽以祀祊。

---

① 〔东晋〕郭璞注，〔宋〕邢昺疏：《尔雅注疏》卷六，见〔清〕阮元：《十三经注疏》（清嘉庆刊本），中华书局，2009年，第5677页。
② 〔西晋〕杜预注，〔唐〕孔颖达等正义：《春秋左传正义》卷三，见〔清〕阮元：《十三经注疏》（清嘉庆刊本），中华书局，2009年，第3748页。
③ 徐元诰撰，王树民、沈长云点校：《国语集解》，中华书局，2002年，第25页。
④ 徐元诰撰，王树民、沈长云点校：《国语集解》，中华书局，2002年，第224页。

赳赳武夫　公侯干城——东周时期的近卫制度

中冬，教大阅，前期，群吏戒众庶，修战法，虞人莱所田之野，为表；百步则一，为三表，又五十步为一表，田之日，司马建旗于后表之中，群吏以旗物、鼓铎、镯铙，各帅其民而致，质明，弊旗，诛后至者，乃陈车徒，如战之陈，皆坐，群吏听誓于陈前，斩牲以左右徇陈曰：不用命者斩之。中军以鼙令鼓，鼓人皆三鼓，司马振铎，群吏作旗，车徒皆作，鼓行，鸣镯，车徒皆行，及表乃止。二鼓，搊铎，群吏弊旗，车徒皆坐。又三鼓，振铎，作旗，车徒皆作，鼓进，鸣镯，车骤徒趋，及表乃止。坐作如初，乃鼓，车驰徒走，及表乃止。鼓戒三阕，车三发，徒三刺，乃鼓退，鸣铙，且却，及表乃止，坐作如初。遂以狩田，以旌为左右和之门，群吏各帅其车徒，以叙和出，左右陈车徒，有司平之。旗居卒间以分地，前后有屯百步，有司巡其前后，险野人为主，易野车为主。既陈，乃设驱逆之车，有司表貉于陈前，中军以鼙令鼓，鼓人皆三鼓，群司马振铎，车徒皆作，遂鼓行，徒衔枚而进。大兽公之，小禽私之，获者取左耳，及所弊，鼓皆駴，车徒皆噪，徒乃弊，致禽馌兽于郊。入，献禽以享烝。[①]

上述记载的大蒐礼以四季划分，每一季的活动又各有异同，其中仲冬大阅是检阅礼，集中展现大蒐礼的训练成果，因此最为详细。每季大蒐礼可分为教练和演习两部分，对于仲冬大阅的教练部分，划分为建筑教场和树立标木、建旗集合和排列阵式样、阵前誓师、教练进退和作战等四个步骤；而演习部分则划分为建筑围猎场所、建置军舍和军门、左右排练成阵、设置驱逆之车、立表誓师、进军狩猎、凯旋、献禽、庆赏和处罚等九个步骤。

大蒐礼的目的是训练将士在旗鼓指挥下的队列阵型。在检阅中，由元帅击鼙下令，鼓人击鼓传令，司马摇动铎铃，军吏举旗示意，于是部队起

[①]〔东汉〕郑玄注，〔唐〕贾公彦疏：《周礼注疏》卷二十九，见〔清〕阮元：《十三经注疏》（清嘉庆刊本），中华书局，2009年，第1805—1811页。

立进入战斗状态；在击鼓的伴奏下敲响镯，部队前进至下一根表为止。然后鼓人击鼓三次，司马摇铎，军吏降旗，于是部队坐下，完成第一次前进。按照这样的指挥流程依次行进至最后一表，每一次都加快速度。然后鼓人击鼓戒令三次，战车上的甲士射出三发箭，战车下的步卒向前刺击三次，象征性地完成前线作战任务。最后击鼓，敲响铙，部队撤退至开始的位置。在田猎中也要遵守同样严格的规则。由元帅击鼙，鼓人击鼓三次，司马摇动铎铃，车徒皆起，在击鼓的伴奏下，部队前进，射杀野兽。田猎结束凯旋时，击鼓奏乐，车徒欢呼，于是在郊整理猎获物，入城献禽。此外还有不少特殊规定。如《穀梁传·昭公八年》：“过防弗逐，不从奔之道也。”①《诗经·小雅·车攻》毛传：“天子发然后诸侯发，诸侯发然后大夫士发。”② 以上两则文献都强调大蒐礼的服从意识与等级秩序。由此可见，大蒐礼的本质，就是借用田猎来进行军事训练与演习。

周王朝经常举行大蒐礼，利用田猎指挥、训练军队。《逸周书·世俘解》记载灭商后，"武王狩，禽虎二十有二、猫二、麋五千二百三十五、犀十有二、氂七百二十有一、熊百五十有一、罴百一十有八、豕三百五十有二、貉十有八、麈十有六、麝五十、麋三十、鹿三千五百有八。武王遂征四方，凡憝国九十有九国，馘磨亿有十万七千七百七十有九，俘人三亿万有二百三十，凡服国六百五十有二"③。武王大蒐之后随即征讨四方，可见，大蒐被武王视为军事征伐前的演习。《诗经·小雅·车攻》描述了周宣王举行大蒐礼田猎的盛况：

我车既攻，我马既同。四牡庞庞，驾言徂东。四车既好，田牡孔阜。东有甫草，驾言行狩。之子于苗，选徒嚣嚣。建旐设旄，搏兽于

---

① 〔东晋〕范宁注，〔唐〕杨士勋疏：《春秋穀梁传注疏》卷十七，见〔清〕阮元：《十三经注疏》（清嘉庆刊本），中华书局，2009年，第5288页。
② 〔西汉〕毛公传，〔东汉〕郑玄笺，〔唐〕孔颖达等正义：《毛诗正义》卷十之三，见〔清〕阮元：《十三经注疏》（清嘉庆刊本），中华书局，2009年，第916页。
③ 黄怀信：《逸周书校补注译》（修订本），三秦出版社，2006年，第200页。

赳赳武夫　公侯干城——东周时期的近卫制度

敖。驾彼四牡，四牡奕奕。赤芾金舄，会同有绎。决拾既佽，弓矢既调。射夫既同，助我举柴。四黄既驾，两骖不猗。不失其驰，舍矢如破。萧萧马鸣，悠悠旆旌。徒御不惊，大庖不盈。之子于征，有闻无声。允矣君子，展也大成。①

《诗序》："《车攻》，宣王复古也。宣王能内修政事，外攘夷狄，复文、武之境土。修车马，备器械，复会诸侯于东都，因田猎而选车徒焉。"② 诗中所描述有规则、有纪律、有秩序的集体训练形态，皆与《周礼》记载相印证。作为军政合一的产物，大蒐礼贯穿于西周王朝早期至晚期，是常态化的军事指挥与演练活动，因此周王将大蒐礼的旗鼓赏赐臣下，也象征着一部分军事指挥权的让渡。《左传·昭公十五年》："密须之鼓，与其大路，文所以大蒐也……唐叔受之，以处参虚，匡有戎狄。"③ 大盂鼎铭文："令汝盂型乃嗣祖南公……赐乃祖南公旂，用狩。"（《集成》2837）通过射礼与大蒐礼的日常演练与检阅，西周统治者不断维持和强化贵族子弟的个人军事技能和集体战斗素养，进而提高近卫军的战斗力，有效发挥其拱卫王权的政治作用。

五、王畿近卫军的装备

王畿近卫军是周王朝直属的精锐力量，其装备也是周军的样板。根据文献记载和考古实物，王畿近卫军的装备可分为防护装备、作战兵器、战

---

① 〔西汉〕毛公传，〔东汉〕郑玄笺，〔唐〕孔颖达等正义：《毛诗正义》卷十，见〔清〕阮元：《十三经注疏》（清嘉庆刊本），中华书局，2009年，第916—919页。
② 〔西汉〕毛公传，〔东汉〕郑玄笺，〔唐〕孔颖达等正义：《毛诗正义》卷十，见〔清〕阮元：《十三经注疏》（清嘉庆刊本），中华书局，2009年，第916页。
③ 〔西晋〕杜预注，〔唐〕孔颖达等正义：《春秋左传正义》卷四十七，见〔清〕阮元：《十三经注疏》（清嘉庆刊本），中华书局，2009年，第4512页。

车和马匹四类。

(一) 防护装备

西周王畿近卫军的防护装备有甲、胄、盾三种。甲是战斗所不可或缺的防护装备，分为整片式甲和甲片缀连的札甲，一般采用皮革质地，同时出现了以皮革为内衬的青铜甲。在西周王畿范围内的关中、洛阳等地多次发现札甲所用的铜甲片以及整片式的青铜甲组件。如陕西长安普渡18号墓曾出土长方形铜甲片42片，长7.2—10.4厘米，宽约4厘米，厚0.15厘米，四角穿孔用以缀连，经复原为前胸和腹部的护甲。陕西宝鸡石鼓山西周贵族墓地出土了我国目前最早的整片式青铜护甲，共有三件，其中两件呈弧形，一件长23.5厘米，宽10厘米，沿边有1—2排穿孔以缀连。一件长40厘米，宽21厘米，沿边上翘呈弧形，亦有供缀连的1排穿孔。两件铜甲均为素面，边缘饰有勾连云纹，据推测可能为胸甲及背甲。另有一件铜甲呈筒状，长29厘米，表面饰斜线、弧线纹，接口沿边有缀连穿孔3组18个，应是腿部护甲。与甲配套的头盔是胄，又称鞮鍪，也多为青铜材质。陕西岐山原东沟出土一件西周早期铜胄，上部为适合头部佩戴的圆弧形，左右与后部延伸，有效保护将士的脸、耳与颈部。青铜甲胄的应用有效提高了将士的防护能力，同时由于青铜材料的稀少与珍贵，因此最有可能成为王畿近卫军将士的防护装备。

盾在先秦称"干"或"橹"。《诗经·周南·兔罝》："赳赳武夫，公侯干城。"郑玄笺引孙炎注："干，楯，所以自蔽扞也。"[①] 郭沫若认为干为圆形，装饰有析羽；橹多为方形，形体较大[②]。从考古发现可见盾一般为木制方板状，高110—140厘米，宽50—70厘米，其制作十分精美，不仅表面髹漆，有的还蒙以皮面，装饰有圆形大铜泡（钖）或青铜兽面，在战争

[①] 〔西汉〕毛公传，〔东汉〕郑玄笺，〔唐〕孔颖达等正义：《毛诗正义》卷一，见〔清〕阮元：《十三经注疏》（清嘉庆刊本），中华书局，2009年，第590页。

[②] 郭沫若：《金文丛考》，人民出版社，1954年，第188—201页。

赳赳武夫　公侯干城——东周时期的近卫制度

中上下拼合，构筑阵型，不仅可发挥防护性能，而且能有效威吓、冲击敌方。在金文中记载有"虎庐""金干"，如十五年趞曹鼎铭文载："锡弓矢、虎庐、玌、胄、干、殳。"（《集成》2784）小盂鼎铭文载："弓一、矢百、画𣎑一、贝胄一、金干一……"（《集成》2839）虎庐即虎橹，是装饰虎面的大盾；金干就是以青铜为装饰的盾牌。五年师旋簋铭文载："锡登盾生皇。"（《集成》4216）于省吾释"登盾"为大型盾，释"生皇"为画出活泼生动的凤凰于盾的内部①。郭沫若释"生皇"是盾头有五彩的羽饰，盾面有五彩画纹②。许学仁释"生皇"为盾中有栩栩如生非常精美漂亮的纹饰③。无论哪种观点，都强调此盾的装饰与制作非常精美。《诗经·秦风·小戎》："龙盾之合，鋈以觼軜。"毛传："龙盾，画龙其盾也。合，合而载之。"孔疏："此说车马之事，盾则载于车上，故云合而载之。"④这种装饰画像或纹路的大盾，既有实际价值，也有礼仪意义，周王将其赏赐臣下，借以展现王权的恩宠与信任。

（二）作战兵器

先秦时有"五兵"的说法，指五种作战兵器。《周礼·夏官·司兵》："掌五兵五盾。"郑玄注引郑司农云："五兵者，戈、殳、戟、酋矛、夷矛。"⑤ 此指车之五兵。步卒之五兵，则无夷矛而有弓矢。《穀梁传·庄公二十五年》："天子救日，置五麾，陈五兵五鼓。"范宁注："五兵：矛、

---

① 于省吾：《释盾》，见中国古文字研究会、中华书局编辑部：《古文字研究》（第三辑），中华书局，1980年，第1—6页。
② 郭沫若：《释干卤》，《金文丛考》，人民出版社，1954年，第200—214页。
③ 许学仁：《再谈师史簋铭文中的"生皇画内"》，http://www.360doc.com/content/21/0112/21/31427089_956555058.shtml，2021-01-12，最后访问日期：2023年10月18日。
④〔西汉〕毛公传，〔东汉〕郑玄笺，〔唐〕孔颖达等正义：《毛诗正义》卷六，见〔清〕阮元：《十三经注疏》（清嘉庆刊本），中华书局，2009年，第787页。
⑤〔东汉〕郑玄注，〔唐〕贾公彦疏：《周礼注疏》卷三十二，见〔清〕阮元：《十三经注疏》（清嘉庆刊本），中华书局，2009年，第1846—1847页。

戟、钺、楯、弓矢。"①《汉书·吾丘寿王传》："古者作五兵。"颜师古注："五兵谓矛、戟、弓、剑、戈。"② 可见矛、戈、戟、弓是周代军队主要作战兵器。前引《尚书·顾命》记载近卫军士兵所执兵器，有"惠""戈上刃""刘""钺""戣""瞿""锐"等，根据学者们的研究，属于矛、戈、戟、钺等种类。除此之外，考古发现还有殳、匕、刀、剑、弓矢等武器。

在近卫军所使用的武器中，最主要的是戈与矛。戈属于勾割兵器，又称勾兵。其来源是原始社会的石刃，主要由援、胡、内、阑组成。其中戈援为锋刃部，戈胡为戈援向下弯曲部，戈内为戈与戈柲相交处，戈阑为戈援与戈内衔接的突状棱。从王畿地区出土的西周戈来看，戈体一般用青铜制成，长20～25厘米，宽3～4厘米。在西周早中期出现一种三角援戈，戈援变宽呈三角形，此戈一般上下援皆有刃，长度可短至12厘米，无胡，因此周伟③、沈融④皆指出即《尚书·顾命》记载近卫军所执的"戣""瞿"，又称"戈上刃"。西周中期以后，开始流行援体加长并向下弯曲的戈，这种戈下部带有弯胡，胡上有刃，更进一步增强戈的勾割能力。在戈援后部设有若干穿孔，用以系绳或皮带捆绑戈柲。戈柲一般为圆形或椭圆形，首端纵向切口，再辅以系带捆绑夹住戈内，使戈体固定在戈柲上，在激烈的战斗中不致松脱。戈柲上端装柲帽，既可与戈援平齐，也可高于戈援；下端装柲镈，最末尖端，用以插立于地面上。戈柲的长度，按《周礼·考工记·庐人》为"六尺有六寸"⑤，实际考古发现中可达三米，短者不足一米。长戈柲约相当于成人两倍身高，也是先秦兵器长度的大致上限，超过这一限度就会使用不便，反而伤害自身。《周礼·考工记·庐

---

① 〔东晋〕范宁注，〔唐〕杨士勋疏：《春秋穀梁传注疏》卷六，见〔清〕阮元：《十三经注疏》（清嘉庆刊本），中华书局，2009年，第5180页。

② 〔东汉〕班固撰，〔唐〕颜师古注：《汉书》卷六十四上，中华书局，1962年，第2795－2796页。

③ 周伟：《中国兵器史稿》，中华书局，2018年，第109－110页。

④ 沈融：《〈尚书·顾命〉所列兵器名考》，《文博》1992年第1期。

⑤ 〔东汉〕郑玄注，〔唐〕贾公彦疏：《周礼注疏》卷四十一，见〔清〕阮元：《十三经注疏》（清嘉庆刊本），中华书局，2009年，第2003页。

人》："凡兵无过三其身,过三其身,弗能用也而无已,又以害人。"① 毛洪东认为长戈为车战所用,短戈为步兵搭配盾使用②,其说可从。

矛是我国使用时间最长的传统刺击兵器,其起源于原始社会的角刺或削尖的竹木,一直使用至近代。王畿地区出土的西周矛亦为青铜制作,长20~25厘米,宽3~4厘米。刃部多呈柳叶形,也有作三角形或剑形。刃体横截面有突脊,增加杀伤穿透力。矛骰又称骹,呈长管状,其下端两侧有半环以系彤沙(矛缨),《诗经·郑风·清人》"二矛重英"③,即描述矛下系缨的景象。骰管下接长柄的秘,与戈一样都是为了便于在高速车战中击杀敌人。因此矛与戈具有同等重要性,其形制也经历不断改良以发挥最大的刺击功能。如周代曾出现一种"三隅矛",即《诗经·秦风·小戎》的"厹矛",孔疏:"三隅矛,刃有三角。"④ 可见这是一种三棱锋刃的长矛,这种矛的杀伤面积比只有两面锋刃的普通矛更大,是名副其实的精兵利刃。《顾命》记载近卫军所执的"锐",其实也是一种特殊的矛,孔疏引郑玄说:"锐,矛属。"⑤ 陕西扶风庄白遗址曾出土一件西周兵器,呈刺状,下为骰管,两侧援部下弯作钩形,两阑夹住木秘,阑上各有两穿,沈融认为可能就是"锐"⑥。

戟又名棘、有枝兵,是将戈和矛合二为一的组合兵器。戟起源于商代,西周时期在对戈的改良基础上又进一步发展,因而兼具勾割与刺击两种功能。王畿地区出土的西周戟均为青铜戈与矛浑铸而成,呈十字形。戈

---

① 〔东汉〕郑玄注,〔唐〕贾公彦疏:《周礼注疏》卷四十一,见〔清〕阮元:《十三经注疏》(清嘉庆刊本),中华书局,2009年,第2003页。
② 毛洪东:《关中地区出土西周青铜兵器研究》,硕士学位论文,陕西师范大学,2011年,第62页。
③ 〔西汉〕毛公传,〔东汉〕郑玄笺,〔唐〕孔颖达等正义:《毛诗正义》卷四之二,见〔清〕阮元:《十三经注疏》(清嘉庆刊本),中华书局,2009年,第715页。
④ 〔西汉〕毛公传,〔东汉〕郑玄笺,〔唐〕孔颖达等正义:《毛诗正义》卷六之三,见〔清〕阮元:《十三经注疏》(清嘉庆刊本),中华书局,2009年,第788页。
⑤ 〔西汉〕孔安国传,〔唐〕孔颖达等正义:《尚书正义》卷十八,见〔清〕阮元:《十三经注疏》(清嘉庆刊本),中华书局,2009年,第511页。
⑥ 沈融:《〈尚书·顾命〉所列兵器名考》,《文博》1992年第1期。

援较宽，作三角形，戈胡、戈内较长。戟柲插入戈内，并通过戈阑侧的穿孔系连固定。矛刺作扁形或钩形，有的戟在矛刺与戈援反方向作倒钩或倒刺，强化刺击伤害。西周时期戟一般与戈、矛同出，而数量远不如后两者，可见还处于发展阶段，尚未大规模应用。沈融认为《尚书·顾命》记载近卫军所执的"惠"是一种刺戟①。陕西扶风北吕周人墓地还出土一件璧形内饰戟，在戈内的后端装有直径9.6厘米的璧形内饰，可能属于近卫军所用的仪仗武器。

殳是王畿近卫军所使用的重要打击兵器，《诗经·卫风·伯兮》："伯也执殳，为王前驱。"② 殳头为3.7~4.6厘米的青铜实心球体，表面铸出乳凸，中心有圆銎，可见殳与戈一样装有长柲，因此亦可荷于肩上。《诗经·曹风·候人》："彼候人兮，何戈与祋。"毛传："祋，殳也。"③《周礼·考工记·庐人》："殳长寻有四尺。"④ 折合今天的3.22米，与长戈不相上下。陕西长安张家坡西周贵族墓曾出土一件戈形殳，戈援部位为殳头与殳颈，插入一浮雕虎头内，虎头后为戈内，下为戈胡，上下遍布纹饰，显然是作为近卫军所使用的仪仗武器的。

钺、斧、刀为贵族所用的青铜防身兵器。其中钺是王权征伐诛杀的象征兵器，根据学者们的研究，甲骨文"王"字就是由钺形演变而来。《史记·周本纪》：武王"以黄钺斩纣头""周公旦把大钺，毕公把小钺，以夹武王"⑤。虢季子白盘铭文："赐用钺，用征蛮方"（《集成》10173）。钺体长度为14.3~23.5厘米，形体扁平，弧刃较宽，以穿或銎固柲。钺身常装饰以精美的饕餮纹或龙、虎、蛇纹，有的钺銎顶铸作人头形状，显然用于

---

① 沈融：《〈尚书·顾命〉所列兵器名考》，《文博》1992年第1期。
② 〔西汉〕毛公传，〔东汉〕郑玄笺，〔唐〕孔颖达等正义：《毛诗正义》卷三，见〔清〕阮元：《十三经注疏》（清嘉庆刊本），中华书局，2009年，第689页。
③ 〔西汉〕毛公传，〔东汉〕郑玄笺，〔唐〕孔颖达等正义：《毛诗正义》卷七，见〔清〕阮元：《十三经注疏》（清嘉庆刊本），中华书局，2009年，第819页。
④ 〔东汉〕郑玄注，〔唐〕贾公彦疏：《周礼注疏》卷四十一，见〔清〕阮元：《十三经注疏》（清嘉庆刊本），中华书局，2009年，第2003页。
⑤ 〔西汉〕司马迁：《史记》，中华书局，1982年，第124—125页。

赳赳武夫　公侯干城——东周时期的近卫制度

宗教和政治仪式中。《尚书·顾命》记载近卫军所执的"刘",其实亦是钺,在仪式中一刘一钺相对而立,展现王权的威严与神秘。而斧与钺形相类,唯形体较小,一般为7~8.8厘米,均为銎口以固定斧柄。刀的长度为17.7~27.7厘米,多为环首刀,亦有龙首刀或銎装刀,刀锋分为平刃和曲刃两种,有的还装饰有镂空棱脊,可能用于礼仪场合。

剑和匕是贵族常用的近战防身短兵器,长度在20到30厘米之间。关中地区出土的西周青铜剑体构造较为简单,一般由剑身和剑茎(柄)组成,仅少数剑在身与茎之间铸有防护侧棱即剑格。剑身呈柳叶形,剑锋为双刃合成,起中脊,在剑茎处收窄,有的装饰兽面纹以区分。由于剑便于近战,因此深受贵族重视,往往死后随葬,有的贵族竟随葬多达四把剑。有的贵族还以玉来制作剑茎,并且开创性使用新的铸剑材料,河南三门峡西周晚期虢国贵族墓即出土了玉柄铁芯剑。匕首则源自北方草原民族,往往只有单面起刃,形体较剑更为短小,便于贵族携带和防身。

弓与矢搭配使用作为远距离攻击武器。考古发现虽未见西周弓实物,却发现不少弓形器[①],据此可见弓身两端为弧形臂,中间弣部凹下,如此使弓既便于持握,也容易弹回,从而增强弓的威力与耐用性。《诗经·小雅·角弓》:"骍骍角弓,翩其反矣。兄弟昏姻,无胥远矣。"[②] 罗琨、张永山认为此句描述弦松弛弓比反的状态,并以此比喻因不正常的婚姻导致兄弟关系疏远,反映出复合弓解弦反弹的性能已成常识。这应是复合弓制作已经比较规范,且广泛使用后,才在人们的思想意识中形成弓解弦反弹的观念,表明复合弓已在西周时期广泛使用[③]。矢即箭,箭杆顶端装镞,西

---

① 有关弓形器的用途至今仍有争议。唐兰、左骏等学者主张为弓的一部分。林沄、腾铭予等学者认为是车马器。尽管众说纷纭,其象弓形却是无可置疑。参见唐兰:《"弓形器"(铜弓秘)用途考》,《考古》1973年第3期。左骏、李荔:《"弓形器"用途与来源再考》,《华夏考古》2009年第1期。滕铭予:《也谈弓形器的形制及相关问题》,《考古》2011年第8期。

② 〔西汉〕毛公传,〔东汉〕郑玄笺,〔唐〕孔颖达等正义:《毛诗正义》卷十五,见〔清〕阮元:《十三经注疏》(清嘉庆刊本),中华书局,2009年,第1053页。

③ 罗琨、张永山:《中国军事通史》第一卷《夏商西周军事史》,军事科学出版社,1998年,第359页。

周的箭镞有铜质、骨质、角质、蚌质等。箭镞的前端为锋，锋下展开为两翼，翼缘有刃，其下为倒刺，刺尖为后锋，两翼扁平，中间凸脊，脊下有铤，有的翼镂空，以增强杀伤力。西周箭镞在王畿地区大量出土，仅关中地区就出土了500多件，可见近卫军已经普及弓矢作为大规模战斗的利器，这与射礼的重要地位密不可分。

如前所述，射礼是西周贵族军事训练的重要科目，长年累月的实践促使弓矢不断改进完善，种类繁多，制造精良。《周礼·夏官·司弓》记有"六弓四弩八矢"①，要求不同的时节和场合使用不同的弓矢。其中"八矢"的区分依据是箭矢的轻重质量，如枉矢、絜矢"前于重后微轻，行疾也"；杀矢、鍭矢"前尤重，中深，而不可远也"；矰矢、茀矢"前于重，又微轻，行不低也"；恒矢、痺矢"前后订，其行平也"②。可见周人已经认识到箭矢的重量决定其性能与功用，这显然是在射礼的长期训练与实战中所形成的经验总结。由此促使周人一方面强调弓矢的质量，《周礼·考工记·弓人》记载弓的制造要求"角与干权，筋三侔，胶三锊，丝三邸，漆三斞"③；另一方面也强调弓矢的相互搭配，《诗经·小雅·车攻》："决拾既佽，弓矢既调。"郑笺："调，谓弓强弱与矢轻重相得。"④ 大小轻重相合适的弓矢有效确保射程与命中率的稳定，从而进一步推动弓矢的普及应用。在西周册命仪式中，周王往往赏赐功臣以髹红、黑漆的"彤弓矢"和"旅弓矢"，充分体现弓矢作为克敌制胜利器而具有的重要价值。

---

① 〔东汉〕郑玄注，〔唐〕贾公彦疏：《周礼注疏》卷三十二，见〔清〕阮元：《十三经注疏》（清嘉庆刊本），中华书局，2009年，第1847—1850页。
② 〔东汉〕郑玄注，〔唐〕贾公彦疏：《周礼注疏》卷三十二，见〔清〕阮元：《十三经注疏》（清嘉庆刊本），中华书局，2009年，第1848页。
③ 〔东汉〕郑玄注，〔唐〕贾公彦疏：《周礼注疏》卷四十二，见〔清〕阮元：《十三经注疏》（清嘉庆刊本），中华书局，2009年，第2024页。
④ 〔西汉〕毛公传，〔东汉〕郑玄笺，〔唐〕孔颖达等正义：《毛诗正义》卷十三，见〔清〕阮元：《十三经注疏》（清嘉庆刊本），中华书局，2009年，第918页。

（三）战车

商周是车战的时代，西周的战车装备在实战中不断趋于成熟。《史记·周本纪》：（武王）"遂率戎车三百乘，虎贲三千人。"① 可见王畿近卫军装备成规模的戎车部队。新中国成立后在关中地区的考古发掘中出土不少西周车马坑，其中以陕西长安张家坡二号车马坑的二号车保存较为完整，经过复原发现，该车是一辆二马战车，前为辕，辕前端为衡，衡两侧装两轭以驾两马，辕后连接车厢，两侧装轮；车厢为横长方形，长60厘米，宽140厘米，高8厘米，车轮直径135厘米；车马坑中的马装有络头、笼嘴和鞍具等成套马具，上面装饰有串缀在皮条上的铜泡或贝饰，有的还在马头两耳间装饰有铜兽面②。根据杨泓③、罗琨④等人研究，西周战车的特点可概述如下：一是在二马战车之外，普遍出现了四马战车，在车前两匹服马左右两侧各增加一匹骖马，增强战车的动力和行程。二是车辕的曲度较大，造成辕端上抬，提高了马匹拉动车子的做功效率。三是车厢较宽，最宽可达160厘米，较为充裕的空间使车上战斗人员拥有更大的自由度以发挥军事技能。四是战车的连接和关键部位广泛采用青铜等金属构件，例如外侧轴有铜辖固定车軎，车毂内侧则有铜軸，车辕、车轭也采用青铜构件加固。这些措施不仅强化了战车的牢固性，促进车与马更加紧密结合，而且有效提高了战车高速运行时的稳定度。五是战车车轮的辐数增加，提升了战车的承载能力和耐用程度。以上种种特点，都说明西周战车不断发展成熟，以适应大规模车战的需求。

西周车战一般由数百乘战车组成车阵，分为攻车与守车。其中攻车较

---

① 〔西汉〕司马迁：《史记》卷四，中华书局，1982年，第121页。
② 中国科学院考古研究所：《沣西发掘报告》，科学出版社，1962年，第145—147页。
③ 杨泓：《战车与车战二论》，《故宫博物院院刊》2000年第3期。
④ 罗琨、张永山：《中国军事通史》第一卷《夏商西周军事史》，军事科学出版社，1998年，第364页。

轻便，速度较快，适合冲锋陷阵。守车则较为笨重，为防守、住卧和载运辎重的车辆。在战斗中攻车横向排开，以集体行动的方式，投入尽可能多的战车去直接冲击敌方部队。这样可充分利用战车的速度和空间特性，有助于发挥其冲锋威力，避开战车缺少转向装置导致机动性不足的缺点。而战车上的格斗便在与敌方相接时展开，即《楚辞·国殇》所谓"操吴戈兮被犀甲，车错毂兮短兵接"①。为了便于交接战斗，攻车的车轴端逐渐流行安装短车辖。此外，西周时期还出现了专门设计的战车。《诗经·大雅·皇矣》："与尔临冲，以伐崇墉。"孔疏："临者，在上临下之名；冲者，从傍冲突之称。故知二车不同，兵书有作临车、冲车之法。"② 可见西周的战车与车战不断发展变革以满足战斗需要。罗琨、张永山根据春秋初期周郑交战的"鱼丽之阵"认为，西周晚期战车阵式可能出现改变，所谓"鱼丽之阵"是"承偏之隙而弥缝缺漏也"，即后排战车正当前排两战车的缝隙处③。这是一种对原有横列阵式的改进，也预示着车战的形式趋向更加激烈的发展。

在车阵中，攻车上一般配备三名甲士，而关于战车上甲士站位，传统观点认为统帅之车上以统帅居中，御者居左，车右居右，其余战车车右位置不变，而将领居左，御者居中。《左传·成公二年》杜注："自非元帅，御者皆在中，将在左。"④ 山东胶州西庵所出土的西周战车上放有两组青铜武器，靠右侧的一组只有一柄戈；靠左侧的一组有戈、钩戟各一件，箭矢十枚和铠甲。据此，杨泓认为，这两组武器的出土位置反映了车上乘员的位置：当时一乘战车上有三名乘员，主将的位置在左面，那制作精美的钩戟等一组武器和防护装备，正是为他准备的；右面的武器，是为车右（戎

---

① 〔宋〕洪兴祖：《楚辞补注》，中华书局，1983年，第82页。
② 〔西汉〕毛公传，〔东汉〕郑玄笺，〔唐〕孔颖达等正义：《毛诗正义》卷十六，见〔清〕阮元：《十三经注疏》（清嘉庆刊本），中华书局，2009年，第1123页。
③ 罗琨、张永山：《中国军事通史》第一卷《夏商西周军事史》，军事科学出版社，1998年，第366页。
④ 〔西晋〕杜预注，〔唐〕孔颖达等正义：《春秋左传正义》卷二十五，见〔清〕阮元：《十三经注疏》（清嘉庆刊本），中华书局，2009年，第4113页。

右）准备的，他是进行战斗的武士；在主将和戎右的中间，是御，他的任务是御马驾车，因为当时的马车都是单辕，车驾二马或四马，所以驾车的人只有站在对车辕的正中位置上，才能保持车子的平衡并且很好地控制骖马与服马①。杨泓根据考古材料认为战车上皆以主将居左，而御者居中，较传统观点更加符合驾车和车战的实际。孙机也指出，先秦马车的系驾主要采用靷靳法，这种车两匹服马各曳单靷，两匹骖马各曳单靳，靷和靳的系结点在车厢底部的分布和各条靷绳受力的大小必须安排得当，否则车子很难按照御者的意图平稳地前进②。如果御者偏居车左，那么各靷和各靳的受力就不会均匀，在高速机动的战场上无法保证对马车的操纵。《礼记·曲礼》："乘君之乘车，不敢旷左，左必式。"郑注："君存，恶空其位。"③可见国君之位在车左。因此，御者居中为战车常制，统帅之车也应是如此。

（四）马匹

战车的动力之源是精壮的马匹，周王朝专门设置管理机构负责马匹管理。《周礼·夏官》："天子十有二闲，马六种"，此六马即"种马一物，戎马一物，齐马一物，道马一物，田马一物，驽马一物"④。因此周天子以校人统管马政，下属趣马佐助校人，巫马治疗马的疾病，廋人管理马厩"十二闲"，圉师及圉人负责养马放牧，牧师负责牧场管理。并按照一年四季举行执驹、颁马攻特、臧仆、献马四种典礼。其中以执驹礼最为重要，学者们对其有三种意见：一是主张"执驹便是训练小马驾车"；二是把"仲春通淫"（交配）、"执驹"（小马与母马分离）、"攻特"（骟马）视作一个

---

① 杨泓：《中国古代兵器论丛》，文物出版社，1985年，第81页。
② 孙机：《中国古舆服论丛》，上海古籍出版社，2013年，第56—67页。
③〔东汉〕郑玄注，〔唐〕孔颖达等正义：《礼记正义》卷三，见〔清〕阮元：《十三经注疏》（清嘉庆刊本），中华书局，2009年，第2712页。
④〔东汉〕郑玄注，〔唐〕贾公彦疏：《周礼注疏》卷三十三，见〔清〕阮元：《十三经注疏》（清嘉庆刊本），中华书局，2009年，第1857—1858页。

繁育养马的过程；三是认为执驹的目的有二——"离之去母"和"执而升之君"，从而使王的马群每年有一批新驹正式编入"王闲"，就是登记上了王的财产的簿籍，也就是每年要举行"执驹"。唯其这样，执驹才能成为古代一种重要典礼①。执驹礼同样见于金文，达盨铭文云："王在周，执驹于滆位。"（《铭图》5661）鳌驹尊铭文云："王初执驹于斥。"（《集成》6011）周王亲自到滆和斥举行执驹礼，祈求战马繁衍兴旺。学者们多认为二地处于渭北高原上，这里是周人的传统马场，地势平坦开阔，渭河、泾河、汧河、漆水河（古称漆沮水）等数条河流交叉纵横，水草丰美，也就是文献中所说的"周原"。《诗经·大雅·绵》："周原膴膴，堇荼如饴。"②这一带的马场不仅是王室经济的重要资源，更是西周军队的战备资源，直接为周军主力六师提供战马，近卫军自然也包括在内，《南宫柳鼎》："王乎作册尹册命柳：司六师牧、场大友，司羲夷场佃事。"（《集成》2805）因此周王直接派员管理渭北马场的牧马事务。《史记·秦本纪》："非子居犬丘，好马及畜，善养息之。犬丘人言之周孝王，孝王召使主马于汧渭之间，马大蕃息。"③免簠铭文云："命免作司徒，司郑还廪、眔虞、眔牧。"（《集成》4626）同簋铭文云："王命同：佐佑虞大父，司场、林、虞、牧，自虖东至于河，厥朔至于玄水。"（《集成》4270）根据学者研究，郑和虖均位于周原附近。周王任命官员负责牧马及牧场，并亲自参加执驹礼，是马政所具有经济、军事重要意义的体现。而马匹的不断繁衍生息，也象征着王朝的财富与军事实力。

除了马匹之外，牛也是重要的战略资源。牛虽不及马迅速轻便，却有任重致远的能力，因而是部队物资粮草运输的仰仗。《诗经·小雅·黍苗》："我任我辇，我车我牛。我行既集，盖云归哉。我徒我御，我师我

---

① 罗琨、张永山：《中国军事通史》第一卷《夏商西周军事史》，军事科学出版社，1998年，第371页。
② 〔西汉〕毛公传，〔东汉〕郑玄笺，〔唐〕孔颖达等正义：《毛诗正义》卷十六，见〔清〕阮元：《十三经注疏》（清嘉庆刊本），中华书局，2009年，第1097页。
③ 〔西汉〕司马迁：《史记》，中华书局，1982年，第177页。

旅。我行既集，盖云归处。"① 将牛车与师旅并举，其重要性不言而喻。罗琨、张永山认为，依兵车一乘，随行重车一乘计之，六军战车三千乘，牛车也绝不少于此数②，由此可见部队中也存在不少牛车用于辎重运输，属于守车一类。因而在牧场中除了牧马，也牧牛以供应军事需求，并同样设有专门机构管理。《周礼·地官·牛人》："掌养国之公牛以待国之政令……军事，共其槁牛……凡会同、军旅、行役，共其兵车之牛……以载公任器。"③ 其徒有二百人之多，甚至超过管理、从事马政的人数。牛马成群的富庶景象，是王畿近卫军长期保持战斗力的基本保证。

六、东周时期王畿近卫军的演变

（一）东迁后王畿近卫军的衰落

公元前771年，因周幽王废申后及太子宜臼，改立伯服为太子，申后的母家申侯联合缯国及犬戎，攻入宗周，杀周幽王及太子伯服于戏，西周由此灭亡。申侯拥立废太子宜臼即位于宗周，是为周平王；虢公翰拥立王子余臣即位于携，是为周携王（又称周携惠王）。周王朝进入"二王并立"时代。直到公元前750年，晋文侯攻杀周携王，护送周平王东迁成周。在这段时期，周王朝历经犬戎之乱与"二王并立"，王畿内各方势力相互攻

---

① 〔西汉〕毛公传，〔东汉〕郑玄笺，〔唐〕孔颖达等正义：《毛诗正义》卷十五，见〔清〕阮元：《十三经注疏》（清嘉庆刊本），中华书局，2009年，第1064页。

② 罗琨、张永山：《中国军事通史》第一卷《夏商西周军事史》，军事科学出版社，1998年，第372页。

③ 〔东汉〕郑玄注，〔唐〕贾公彦疏：《周礼注疏》卷十三，见〔清〕阮元：《十三经注疏》（清嘉庆刊本），中华书局，2009年，第1559—1560页。原文"兵车之牛"为"兵军之牛"，有误，径改。

伐二十年，极大削弱了周王的威信与周王朝的国力，造成周王朝必须依靠诸侯才能存续的政治新局势。"我周之东迁，晋、郑焉依"，王畿近卫军也不可避免走向衰落，由此开启了"礼乐征伐自诸侯出"的春秋时期。

在申、缯、犬戎联合攻伐宗周时，王畿近卫军仍然颇具实力，并担负起护卫周王的职责。《史记·秦本纪》记载，"秦襄公将兵救周，战甚力，有功"[1]。秦襄公本来世居犬丘，即甘肃礼县东，距宗周镐京将近400千米。在救周事急的形势下，他如果率领庞大的军队，按照先秦军队日行三十里的行军速度，那么赶往宗周也需要十多天甚至二十天的时间。因此秦襄公可能是轻装迅速前行，然后组织利用近卫军的秦夷将士与申戎联军作战，并取得一定战绩。

东迁之后，由于周王室原有的六师、八师已经随着西周灭亡和内乱而消亡，王畿近卫军就成为周军的主力部队，或称虎贲，或称御士，仍维持一定规模。前述周桓王伐郑，其中军便以近卫军为骨干力量。《左传·僖公二十四年》："遂奉大叔以狄师攻王，王御士将御之。"[2] 然而此时近卫军的精锐力量也在战乱中受到损耗。再加上原有的宗周王畿已经残破不堪，周王室鞭长莫及，放弃了在此地的经营。《史记·秦本纪》："平王封襄公为诸侯，赐之岐以西之地。曰：'戎无道，侵夺我岐、丰之地，秦能攻逐戎，即有其地。'与誓，封爵之，襄公于是始国。"[3] 东周王畿范围缩小至成周一带，土地与人口的锐减限制了近卫军的补充兵源，加剧了近卫军实力的衰落。

春秋时期，周王畿主要经历了三次内乱，从中可以看出近卫军卫量在不断衰弱。第一次王子颓作乱，近卫军尚能抵御内乱，却无力阻止诸侯的进犯。《左传·庄公十九年》："五大夫奉子颓以伐王，不克，出奔温。苏

---

[1] 〔西汉〕司马迁：《史记》卷五，中华书局，1982年，第179页。
[2] 〔西晋〕杜预注，〔唐〕孔颖达等正义：《春秋左传正义》卷十五，见〔清〕阮元：《十三经注疏》（清嘉庆刊本），中华书局，2009年，第3946页。
[3] 〔西汉〕司马迁：《史记》卷五，中华书局，1982年，第179页。

赳赳武夫　公侯干城——东周时期的近卫制度

子奉子颓以奔卫。卫师、燕师伐周。冬，立子颓。"①《左传·庄公二十一年》："夏，同伐王城。郑伯将王自圉门入，虢叔自北门入，杀王子颓及五大夫。"② 王子颓攻击周惠王，受到近卫军的阻挡而失败，于是借用卫、燕二国力量打败近卫军，赶走周惠王而自立为王。而郑、虢二国又打败王子颓的近卫军，护送周惠王还都，卫、郑都是中等诸侯国，而近卫军已经无法抵御他们的攻击。第二次王子带之乱中，近卫军数次遭受外族的打击。《左传·僖公十一年》："夏，扬、拒、泉、皋、伊、雒之戎同伐京师，入王城，焚东门，王子带召之也。"③《左传·僖公二十四年》："秋，颓叔、桃子奉大叔，以狄师伐周，大败周师，获周公忌父、原伯、毛伯、富辰。"④ 周襄王出逃郑国，直到晋文公派军才诛灭王子带，平定内乱。第三次王子朝之乱时，近卫军多次失败，已经无法平乱，导致周悼王被杀，周敬王流浪在外，王城为已经称王的王子朝所占据，造成东、西二王并立的格局，最后依靠晋国率领诸侯才驱走王子朝，护送周敬王进入王城，结束了长达五年的内乱。

在外出作战上，东周时期的近卫军也鲜有亮点，甚至多次溃败，《左传·成公元年》："秋，王师败绩于茅戎。"⑤ 因此周王舍弃近卫军而利用外族势力征伐，《左传·僖公二十四年》："王弗听，使颓叔、桃子出狄师。夏，狄伐郑，取栎。"⑥ 周襄王甚至主动召引外族军队攻击同姓的郑国，此

---

① 〔西晋〕杜预注，〔唐〕孔颖达等正义：《春秋左传正义》卷九，见〔清〕阮元：《十三经注疏》（清嘉庆刊本），中华书局，2009年，第3849页。
② 〔西晋〕杜预注，〔唐〕孔颖达等正义：《春秋左传正义》卷九，见〔清〕阮元：《十三经注疏》（清嘉庆刊本），中华书局，2009年，第3850页。
③ 〔西晋〕杜预注，〔唐〕孔颖达等正义：《春秋左传正义》卷十三，见〔清〕阮元：《十三经注疏》（清嘉庆刊本），中华书局，2009年，第3911页。
④ 〔西晋〕杜预注，〔唐〕孔颖达等正义：《春秋左传正义》卷十，见〔清〕阮元：《十三经注疏》（清嘉庆刊本），中华书局，2009年，第3946页。
⑤ 〔西晋〕杜预注，〔唐〕孔颖达等正义：《春秋左传正义》卷二十五，见〔清〕阮元：《十三经注疏》（清嘉庆刊本），中华书局，2009年，第4108页。
⑥ 〔西晋〕杜预注，〔唐〕孔颖达等正义：《春秋左传正义》卷十六，见〔清〕阮元：《十三经注疏》（清嘉庆刊本），中华书局，2009年，第3946页。

时王畿近卫军的衰弱可见一斑。

（二）王畿近卫军的礼仪化趋势

东周时期王畿近卫军逐渐脱离作战任务，出现了礼仪化趋势，从原先的实战部队转变为仪仗部队。这体现在三个方面，一是王室出行护卫队伍的扩大；二是武器的装饰化、精致化；三是近卫军开始成为对诸侯的赏赐物品。

东周王室的出行队伍规模较西周时期有所扩大。《尚书·顾命》记载周康王即位诸侯朝觐时，"大辂在宾阶面，缀辂在阼阶面，先辂在左塾之前，次辂在右塾之前"。孔安国指出："大辂，玉。缀辂，金。""先辂，象。次辂，木。金、玉、象皆以饰车，木则无饰，皆在路寝门内，左右塾前北面。凡所陈列，皆象成王生时华国之事，所以重顾命。"[①] 可见这是成王生前所用的车驾队伍。而《周礼·春官·巾车》记载"王之五路"，有玉路、金路、象路、革路、木路，分别为祭祀、会宾、朝觐、兵事及田猎所用，比《尚书·顾命》四路多出革路[②]。关于这一点，马融、王肃认为《尚书·顾命》所记载的朝觐场面没有出现戎辂，是由于"兵事非常"[③]，因此革路不适合用于即位典礼上。郑玄注云："缀、次是从后之言，二者皆为副贰之车。先辂是金辂也，缀辂是玉辂之贰，次辂是金辂之贰，不陈象辂、木辂、革辂者，主于朝祀而已。"[④]《周礼·夏官·齐仆》载，"朝

[①] 〔西汉〕孔安国传，〔唐〕孔颖达等正义：《尚书正义》卷十八，见〔清〕阮元：《十三经注疏》（清嘉庆刊本），中华书局，2009年，第508页。

[②] 〔东汉〕郑玄注，〔唐〕贾公彦疏：《周礼注疏》卷二十七，见〔清〕阮元：《十三经注疏》（清嘉庆刊本），中华书局，2009年，第1776—1778页。

[③] 〔西汉〕孔安国传，〔唐〕孔颖达等正义：《尚书正义》卷十八，见〔清〕阮元：《十三经注疏》（清嘉庆刊本），中华书局，2009年，第510页。

[④] 〔西汉〕孔安国传，〔唐〕孔颖达等正义：《尚书正义》卷十八，见〔清〕阮元：《十三经注疏》（清嘉庆刊本），中华书局，2009年，第510页。

赳赳武夫　公侯干城——东周时期的近卫制度

觐、宗遇、飨食皆乘金路"①，是朝觐自有金路。孔颖达基本遵从马、王一说，其疏云："盖以革辂是兵戎之用，于此不必陈之，故不云革辂而以木辂为次。"② 以上诸说，都在调停《尚书》与《周礼》的矛盾，即就《周礼》多出的革路进行解释。其实，如前所述，西周时期田猎与兵事本为一体，其行动方式都以战车的高速机动为主，因此两者所用车也并不区分。东周时期战争形态有了显著变化，不仅征兵对象扩大至全体国民，而且战斗方式也从车战为主逐渐转向步兵战斗为主，使兵事较田猎更加复杂，开始注重队伍阵型、相互配合、包围穿插、引诱迷惑、借助自然力量等战术谋略，从而由两者共用的战车中分化出用于兵事的革路和用于田猎的木路。因此从《尚书》四辂到《周礼》五路，实际上反映了周代战争形态的深刻变化。刘起釪认为，西周之四辂自四辂，东周之五辂自五辂，虽其间必有演变沿革之迹，但在没有获得实物验证加以深入研究之前，不必以东周之五辂去比附西周之四辂③。其以变化的视角解释此问题，洵为良论。可见《周礼》所记周王五路反映东周时期的王室出行情况，较西周的四路显然扩大了规模。

在考古发现中也印证了东周王室出行队伍的盛大规模。2002 年洛阳东周王城陵区出土"天子驾六"车马坑，南北长 42.6 米，东西宽 7.4 米，出土葬车 26 辆，马 68 匹，其中六马驾车 1 辆、四马驾车 8 辆、二马驾车 15 辆，队伍朝南纵向，呈东西两列摆放，六马驾车位于西列车队的北部倒数第二辆的位置，是整个车队的尊位。2006 年在"天子驾六"车马坑西北约 500 米又出土东周时期车马坑，南北长 4.3 米，东西宽 3.7～3.8 米，坑内同样出土六马驾车，六马摆放两两向背。六马驾车的两次出土，不仅印证

---

① 〔东汉〕郑玄注，〔唐〕贾公彦疏：《周礼注疏》卷三十二，见〔清〕阮元：《十三经注疏》（清嘉庆刊本），中华书局，2009 年，第 1853 页。
② 〔西汉〕孔安国传，〔唐〕孔颖达等正义：《尚书正义》卷十八，见〔清〕阮元：《十三经注疏》（清嘉庆刊本），中华书局，2009 年，第 510 页。
③ 顾颉刚、刘起釪：《尚书校释译论》，中华书局，2005 年，第 1770 页。

了"天子驾六马，诸侯四，大夫三，士二"①记载的可信度，而且证实了出土车马坑的王城陵区确为东周王陵区。"天子驾六"车马坑中二马、四马、六马驾车错综有序摆放，主从分明，呈现出以天子为尊，众多卿大夫、士等贵族扈从前导的车马出行盛景。

东周王室出行队伍的扩大必然促使其近卫队伍的扩充。如右者，西周时期为单一职官。而《周礼·夏官》则为天子五路配备"三右"，即戎右、齐右与道右，其中戎右中大夫二人，上士二人，"掌戎车之兵革使"；齐右下大夫二人，"掌祭祀、会同、宾客前齐车，王乘则持马，行则陪乘"；道右上士二人，"掌前道车，王出入则持马陪乘，如齐车之仪"，贾公彦以为"齐右兼玉路右，戎右兼田右"②。作为周王出行贴身护卫的右者尚且开始按照职能分工增加人员，那么出行近卫军的其他成员也应该遵循同样的逻辑扩充人员。《周礼·夏官》所记周王各路均有副车，有倅车、贰车、佐车、从车等名称。《大戴礼记·朝事》："天子冕而执镇圭尺有二寸，藻藉尺有二寸，搢大圭，乘大辂，建大常，十有二旒，樊缨十有再就，贰车十有二乘。"③周王乘大路，配备副车十二乘，则其他四路副车也各有十二乘，加起来共六十乘，这些贰车并有右者，均为近卫军人员担任。除此之外，《穆天子传》中记载天子巡游有"七萃之士"，郭璞注："萃，集也，聚也。亦犹《传》有七舆大夫。皆聚集有智力者为王之爪牙也。"④此"七萃"也即七个部分的近卫军，可能与《周礼·春官·车仆》所记"戎路之萃、广车之萃、阙车之萃、苹车之萃、轻车之萃"⑤有关，可见东周王畿

---

① 〔东汉〕郑玄注，〔唐〕孔颖达等正义：《礼记正义》卷七，见〔清〕阮元：《十三经注疏》（清嘉庆刊本），中华书局，2009年，第2779页。
② 〔东汉〕郑玄注，〔唐〕贾公彦疏：《周礼注疏》卷二十八，见〔清〕阮元：《十三经注疏》（清嘉庆刊本），中华书局，2009年，第1851页。
③ 〔清〕王聘珍撰，王文锦点校：《大戴礼记解诂》，中华书局，1983年，第229页。
④ 〔晋〕郭璞注，王贻樑、陈建敏校释：《穆天子传汇校集释》，中华书局，2019年，第21页。
⑤ 〔东汉〕郑玄注，〔唐〕贾公彦疏：《周礼注疏》卷二十七，见〔清〕阮元：《十三经注疏》（清嘉庆刊本），中华书局，2009年，第1782页。

赳赳武夫　公侯干城——东周时期的近卫制度

近卫军在出行时部类众多，规模煊赫。在东周国力衰落的形势背景下，周王需要通过直观而盛大的礼仪队列向诸侯、贵族和民众展现天子的威严形象，维持其权威地位，由此，护佑其出行的近卫军仪仗队伍得以扩充。

东周王畿近卫军的礼仪化趋势同样表现在所使用兵器的装饰化、精致化。二十世纪二十年代在洛阳金村东周王陵区出土有25件错金银青铜兵器，包括戈、镦、镈、刀柄、箭筒等，这些错金银兵器不仅精美异常，而且去除了实战特性，显然作为仪仗使用。如金村出土的错银云纹铜戈援身上扬，援尖处去掉锋刃，而改为圆弧状，援、胡部分分布错银卷云纹饰，显得十分华丽。又如错金银镦和镈，器身对称分布金错兽涡纹、三角云纹、弦纹、几何纹等纹饰，有的装饰圆雕或镂空造型，有的还镶嵌蜻蜓琉璃眼，显然仪仗的意义大于实战意义。而在洛阳东周王城王陵区内，也出土有不少仪仗兵器。如洛阳中州中路出土的管銎戈，装饰精致，銎上有鸟为饰，戈援及内部均饰花纹；洛阳中州路出土的戈戈身通体饰纹饰；洛阳中州路出土青铜剑装饰繁复，格上有绿松石嵌饕餮纹，剑身较长。洛阳王城广场出土铜剑，剑首、剑格错金；洛阳出土的剑剑身近格处饰有鸟纹。这些兵器的主人，有不少生前应是护卫周王的近卫军将士，因此死后也葬于王陵区内。聂卓慧认为，东周时期墓葬随葬的青铜兵器可能与当时的铜礼器功能相近，有表示墓主人身份之意，这一时期战事频繁，军事贵族地位显著提升，军功地主这一阶层队伍逐渐壮大，部分青铜兵器可能被纳入此类墓葬的礼制系统[①]。实际上，王陵区礼制兵器的出现，更有可能是近卫军充作仪仗卫队的体现，使其被剥离实战意义而成为礼仪表演的形象载体。洛阳唐宫路东周墓出土一件玉戈，戈锋与金村所出错金银铜戈一样呈弧形，下刃作钝角转弯，两面刻字曰"毕公左御"。此玉戈完全脱离了实战功能，纯为仪仗用具，王子扬认为系某位毕公担任周王"左御"即战车驾驶时所用[②]。连周王的近身侍从也使用装饰精致而毫无实战意义的仪仗

[①] 聂卓慧：《三晋两周地区东周时期墓葬出土兵器研究》，吉林大学硕士学位论文，2014年，第61页。

[②] 王子扬：《"毕公左徒"玉戈小考》，《中国文字研究》2008年第1期。

兵器，可见随着东周国力不断衰退，王畿近卫军礼仪化趋势日渐彻底，成为纯粹意义上的仪仗队。

　　王畿近卫军开始成为赏赐品是其仪仗化趋势的第三种体现。西周时期，近卫军是王权的重要倚仗，是实现周王征伐意图的精锐武装，因此除师询之类的近卫军将领外，周王不可能将近卫军赏赐于其他人，尤其是畿外诸侯。相反，周王要求臣子以自己的家族"捍御王身"，即使是权高位重、副署王命的毛公昔也不例外。而到春秋时期，周王仰仗诸侯鼻息以生存，赏赐近卫军成为拉拢诸侯霸主的重要手段。《左传·僖公二十八年》："王命尹氏及王子虎、内史叔兴父策命晋侯为侯伯。赐之大辂之服、戎辂之服、彤弓一、彤矢百、玈弓矢千、秬鬯一卣、虎贲三百人。"① 前述虎贲的重要职责是护卫周王及其核心家庭，周襄王将三百位虎贲军士赏赐给晋文公，实际上是将晋文公视作自己的核心家族成员，借以克服血缘疏远的影响，从而拉拢、亲近晋文公以使其庇护王室。此时王畿近卫军的仪仗与象征意义显然大于实际作战意义，成为与舆服、弓矢、祭酒等共同表示王室宠信的礼仪道具。其在经历两汉魏晋禅代的不断演绎之后，固化为后世赏赐权臣的"九锡"之一。

---

① 〔西晋〕杜预注，〔唐〕孔颖达等正义：《春秋左传正义》卷十六，见〔清〕阮元：《十三经注疏》（清嘉庆刊本），中华书局，2009年，第3962页。

第三章

齐国近卫制度

第三章　齐国近卫制度

姜氏齐国立国于西周初年，至战国初年君位为田氏所篡夺。齐国于春秋初年首先称霸中原，日后虽不能维系霸政却仍雄踞东方，于列国之间举足轻重。春秋时期，齐国军力极盛。《左传·哀公十五年》："晋人伐卫，齐为卫故，伐晋冠氏，丧车五百。"① 仅仅一次战役损失如此巨大（鲁国此时全国战车不过八百乘，邾国不过六百乘），然而仍不影响齐国在此后连年用兵。

齐国近卫制度于文献之中缺乏系统记载，兹将散见于各种文献之中的相关内容加以整理，结合考古成果，就齐国近卫制度加以简述。

一、姜氏齐国近卫制度的起源

姜氏齐国近卫制度的起源与西周王室有关，某种程度上齐国建国的基干力量即来自周王室的近卫武装。同时，东方地区长久以来即有近卫制度传统。

首先，齐国姜氏与周王室近卫武装关系密切。一方面，齐国姜氏长期与周王室联姻。另一方面，在西周建国的过程中，姜氏是一支重要的参与力量。其间，齐太公则被委以近卫重任，任近卫之职。《左传·昭公元年》："当武王邑姜方震大叔"，杜注："邑姜，武王后，齐大公之女。"②《左传·昭公十年》"邑姜，晋之妣也"。孔疏引郑玄注曰："邑姜，唐叔之母。"③ 姜氏与周王室之间长期联姻，关系密切，以至《礼记·檀弓》称：

---

① 〔西晋〕杜预注，〔唐〕孔颖达等正义：《春秋左传正义》卷五十九，见〔清〕阮元：《十三经注疏》（清嘉庆刊本），中华书局，2009年，第4723页。
② 〔西晋〕杜预注，〔唐〕孔颖达等正义：《春秋左传正义》卷四十一，见〔清〕阮元：《十三经注疏》（清嘉庆刊本），中华书局，2009年，第4394页。
③ 〔西晋〕杜预注，〔唐〕孔颖达等正义：《春秋左传正义》卷四十五，见〔清〕阮元：《十三经注疏》（清嘉庆刊本），中华书局，2009年，第4470页。

赳赳武夫　公侯干城——东周时期的近卫制度

"太公封于营丘，比及五世皆反葬于周。"① 此外，齐太公在周伐商的过程中发挥了重要作用。在牧野之战中，齐太公即作为近卫将领而出现。《诗经·大雅·大明》："维师尚父，时维鹰扬。"毛传："鹰扬，如鹰之飞扬也。"②《史记·周本纪》："帝纣闻武王来，亦发兵七十万人距武王。武王使师尚父与百夫致师。"集解引郑玄语，称："致师者，致其必战之志也。古者将战，先使勇力之士犯敌焉。"③ 史称"吕尚盖尝穷困，年老矣，以渔钓奸周西伯"④，若据《大明》之诗、郑玄之语，则此说当为无稽之谈。因为致师之事极为消耗体力，岂能是老年人所为？综合《周礼》与《左传》记载，戎右为勇武之士，战阵之中致师入垒。齐太公所掌类似于戎右，为周王室近卫官。《左传·僖公四年》："召康公命我先君大公，曰：'五侯九伯，女实征之，以夹辅周室。'"⑤ 齐国立国，意在协助周人武力拓殖东土，姜齐势力实由西周近卫军一系衍生。齐国自立国始，一直处于军事纷争之中。从史密簋等出土器物的铭文来看，周王室多次派遣师氏来指挥齐国军队征讨今山东地区之夷人⑥。师氏在宫廷内是守卫宫门以及保护君王的警卫队长，又是教导子弟的教官。师氏在军队中是指挥作战的军官，行军之中仍然使其属帅四夷之隶，"朝在野外，则守内列"⑦。王室多次使师氏领导齐国军队，从齐国立国背景来看这一现象当有一定的历史渊源。

除去受王室近卫传统的影响，齐地本土的传统也对齐国近卫制度的形成产生了一定影响，齐太公当出自东土，《史记·齐太公世家》："太公望

---

① 〔东汉〕郑玄注，〔唐〕孔颖达等正义：《礼记正义》卷七，见〔清〕阮元：《十三经注疏》（清嘉庆刊本），中华书局，2009年，第2774页。

② 〔西汉〕毛公传，〔东汉〕郑玄笺，〔唐〕孔颖达等正义：《毛诗正义》卷十六，见〔清〕阮元：《十三经注疏》（清嘉庆刊本），中华书局，2009年，第1094页。

③ 〔西汉〕司马迁：《史记》卷四，中华书局，1982年，第124—125页。

④ 〔西汉〕司马迁：《史记》卷三十二，中华书局，1982年，第1477页。

⑤ 〔西晋〕杜预注，〔唐〕孔颖达等正义：《春秋左传正义》卷十二，见〔清〕阮元：《十三经注疏》（清嘉庆刊本），中华书局，2009年，第3890—3891页。

⑥ 张懋镕：《史密簋与西周乡遂制度——附论"周礼在齐"》，《文物》1991年第1期。

⑦ 杨宽：《西周中央政权机构剖析》，《历史研究》1984年第1期。

吕尚者,东海上人。"① 齐地车马仪卫传统由来已久,例如,山东青州市苏埠屯墓群出土大批青铜车马器,随之出土的有大批青铜武器,其年代主要为商代晚期,该墓主人为商王室小臣②。商代小臣或担任内服官职,其中有管理马政的马小臣,服侍商王并出兵作战。同样,小臣有出身某一方国首领的情形,作为首领带领族人宿卫王室③。姜氏齐国始祖以近卫官身份供职王庭,又以诸侯身份镇守一方,且与王室密切联系,与商代小臣之间或有渊源。而齐太公任近卫之职,或许与本人长期居于东方,受殷商影响有关。

二、考古所见齐国近卫制度

从考古成果来看,齐都临淄遗址年代大约始于西周末年,齐国历经春秋数百年,临淄均为齐国国都。故该遗址附近遗存较多,其中某些发掘颇可佐证齐国近卫制度。

2010年发掘的高青陈庄遗址有车马坑1座,长方形,直壁微内收,开口距地表1.9米,上口南北长14.15米,东西宽3.4米,下口南北长13.9米,宽3.3米,坑深4.2～4.9米。坑内放置3辆车。车马坑的时代为西周中晚期。其中出土的铜器铭文中出现祭祀祖先"齐公"的内容,M35号墓出土铜簋上长篇铭文的主要内容为周王册封赏赐"引"管理"齐师"④。后李春秋车马坑位于齐故城西北3千米处,与齐故城隔河相望,车马坑南约3.5千米处为齐王陵。山东省文物考古研究所于1988—1990年对遗址进行

---

① 〔西汉〕司马迁:《史记》卷三十二,中华书局,1982年,第1477页。
② 夏名采、刘华国:《山东青州市苏埠屯墓群出土的青铜器》,《考古》1996年第5期。
③ 王进锋:《亚旨铜器、苏埠屯一号墓与小臣旨》,《中国国家博物馆馆刊》2011年第12期。
④ 山东省文物考古研究所:《山东高青县陈庄西周遗址》,《考古》2010年第8期。

赳赳武夫　公侯干城——东周时期的近卫制度

发掘，发现2座车马坑。车马坑均为不规则的长方形，南北长，东西宽，位于墓室的后面，与墓道方向垂直。1号车马坑南北长31米，东西宽3.6～4米，深1.2～1.7米。坑内殉10辆车、32匹马，由南向北摆成一排。10辆车大致可分为两类：一类为战车，其特点是车舆较小，由纵横圆木构成网格状，涂以红漆，车轮较小；另一类是辎重车，车舆为战车的2～2.5倍，车轮较大。每车前的配马有4匹或者2匹，发现有车马饰件。2号车马坑位于1号车马坑的东南，车马坑规模比较小，南北长7.6米，东西宽3米，深2.1米。坑内殉有6匹马，却没有发现车的痕迹。在清理北部盗洞时，在其壁上发现有漆皮和木头朽痕，依此判断，2号坑内也殉有车，所殉马车在马骨架下。东孙古墓是2013年2月被发现的，墓室呈长方形，口大底小近似斗形，墓口南北长16.5米，东西宽15.3米，墓底南北长13.7～14.5米，东西宽12.5～13米，墓底距地表4.4米。墓道朝南，斜坡状，坡度16度，口长9.5米，宽4.2～4.7米。填土夯打而成，夯窝平底，直径3～5厘米。椁室南北长5.5米，东西宽4.3米，深3.1米，底部铺大石块，四周用单层石块垒砌成石椁。内有木质葬具，一椁二棺。陪葬坑11个，均为土坑竖穴，长方形，坑内各殉1人，分布在二层台周围，北侧台面上自东向西排列7个，东西台上各1个，南侧2个。墓室北侧有1座大型车马坑。车马坑长约26米，宽约4米，8辆古车一字排开，2辆殉马侧卧车旁，马首高高昂起，作奔跑的姿态。墓葬时代属战国早期，墓主人属齐国上层贵族[①]。上述墓葬年代从商周之际延续至战国，墓主人大多为高级贵族（其中可能有墓主人为国君，唯独因为盗墓猖獗而遭到破坏。齐国国君墓早在西晋时期即已经被盗掘）。

出土的齐国兵器之中，似乎可以见到近卫制度的蛛丝马迹。仅仅从铭文内容上看，其中若干兵器应为中央统治集团直接控制铸造，由王或相一级的大臣任监造者，下设左右库（府）负责督造，由冶人从事冶造生产，

[①] 于美杰：《车辚辚马萧萧——试论齐国的车马坑随葬》，《文物鉴定与鉴赏》，2019年第19期。

第三章 齐国近卫制度

若干兵器铭文甚至出现名义上的监造者是齐威王的情形，上述军器可能在名义上由国君监造，最终自用或者分配给近卫使用。其中，有若干戈胡铭题为"夕阳右"，"夕阳"为地名，"右"当为"右库"之省。"夕"古与"夜"通①，"夕阳"或即"夜阳"。战国齐国有"夜"地，齐襄王"益封安平君以夜邑万户"②，"夜阳"或在其周边。从出土文物来看，其他产地较为明确的兵器出土不少。此外，有若干兵器铭文出现齐国卿大夫名号，有可能是齐国卿大夫私兵所用。例如，山东地区考古工作者曾发掘出若干件题铭为"高子戈"的兵器（《集成》10961），铭文中的高子不知为何人。此外，出土青铜器有"国楚戈""国楚造车戈"，年代可能为春秋战国之交③。

类似的"物勒工名"制度同样见于东周时期的其他国家。例如，三晋即存在类似的三级管理制度：第一级，由一国国相监督制造（或者是某一个地方长官）；第二级，由具体的某个工师负责技术指导；第三级，由某工匠具体制造④。就这一点而言，齐国与三晋在武器制造制度方面存在一定的近似。同期，楚国兵器多题铭物主人，而不见有层级题铭，间有题为某封君之例⑤。从考古发现来看，三晋、齐国等国私人铸造兵器的现象较为普遍。秦国即便是在统一全国以前，兵器铸造以秦国政府为主体，私人铸造情况较少⑥。

---

① 白于蓝：《简帛古书通假字大系》，福建人民出版社，2017年，第708页。
② 何建章：《战国策注释》，中华书局，1990年，第465页。
③ 山东省文物考古研究所：《山东淄博市临淄区淄河店二号战国墓》，《考古》2000年第10期。
④ 黄盛璋：《历史地理与考古论丛》，齐鲁书社，1982年，第89—147页。
⑤ 邹芙都：《楚系铭文综合研究》，四川大学博士学位论文，2004年，第175页。
⑥ 张占民：《试论秦兵器铸造管理制度》，《文博》1985年第6期。张文认为秦国近卫力量由王室紧密掌握，而山东六国豪家贵戚私兵设置较为普遍，国家掌控较弱。秦国嫪毐为乱时，即使门客众多，仍需要借助国家军队的力量。而在赵国沙丘之乱中，赵国贵臣公子章竟然能够结党营私，组织私兵攻击赵惠文王。齐国，田忌曾"率其徒袭攻临淄，求成侯，不胜而奔"。楚国情形则更甚，出现"盗杀声王"的情况，盗实际上是近卫军队（据清华简《系年》）。似乎就社会管控力度而言，秦国在列国之中首屈一指，齐国与三晋管控程度较强，而楚国在兵器管制方面力度似乎最弱。

赳赳武夫　公侯干城——东周时期的近卫制度

三、文献所见的齐国公室近卫体系

齐国君主近卫人员，依文献记载可分为近臣和副车参乘者两种。

近臣包括若干宫廷侍从，甚至偶尔有宦官在内。这一群体不仅仅活跃于战场之上，而且频繁现身于宫廷活动之中。例如：

> 十二月，齐侯游于姑棼……反，诛屦于徒人费。弗得，鞭之，见血。走出，遇贼于门，劫而束之。费曰："我奚御哉！"袒而示之背，信之。费请先入，伏公而出，斗，死于门中。石之纷如死于阶下。遂入，杀孟阳于床。①

徒人费、石纷如、孟阳三人此时的身份均为近臣。此外，在近卫军之中可见宦官身影，如：

> 十一月丁卯朔，入平阴，遂从齐师。夙沙卫连大车以塞隧而殿。殖绰、郭最曰："子殿国师，齐之辱也。子姑先乎！"乃代之殿。②

此处的夙沙卫即为宦官，然而宦官在此恐非常态，故而殖绰、郭最如此不满夙沙卫的出现。又如，《左传·襄公二十五年》记载齐崔杼弑君时，贾举、州绰、邴师、公孙敖、封具、铎父、襄伊、偻堙皆死③。这些人极有

---

① 〔西晋〕杜预注，〔唐〕孔颖达等正义：《春秋左传正义》卷八，见〔清〕阮元：《十三经注疏》（清嘉庆刊本），中华书局，2009年，第3833页。
② 〔西晋〕杜预注，〔唐〕孔颖达等正义：《春秋左传正义》卷三十三，见〔清〕阮元：《十三经注疏》（清嘉庆刊本），中华书局，2009年，第4265—4266页。
③ 〔西晋〕杜预注，〔唐〕孔颖达等正义：《春秋左传正义》卷三十六，见〔清〕阮元：《十三经注疏》（清嘉庆刊本），中华书局，2009年，第4306页。

可能兼任国君侍卫的职务。例如，最终与齐庄公同死的州绰最初为晋国栾氏家臣，州绰本人又见于平阴之战，恰好是晋国战车甲士。在这一场战役之中，该人曾"射殖绰，中肩"①，栾氏倒台之后，该人投奔齐国。时人对其勇力评价颇高，例如晋人乐王鲋谓范宣子："盍反州绰、邢蒯？勇士也。"② 齐庄公称殖绰、郭最为"寡人之雄"，州绰"平阴之役，先二子鸣"，"东闾之役，臣左骖迫还于门中，识其枚数"③。州绰在齐国"为隶新"，以个人身份隶属于国君，护卫左右。综上，总体上看，齐国近卫军有本国人，也有外来的流亡者，上述人等最显著的特点是均与齐国国君具有紧密的人身效忠关系。

东周时期，齐国国君近臣颇为活跃。这一现象从东周早期即已经开始出现，前述齐襄公身边的近臣即为例证。此外，齐桓公所用管仲自称"臣，贱有司也"，虽然出身于士大夫之族，然身份不可与高、国相提并论，且子孙在齐国亦不特别显达（但是仍然在齐国世代为官）。齐桓公晚年，政治昏乱，最终"雍巫有宠于卫共姬，因寺人貂以荐羞于公"，齐桓公卒，易牙"与寺人貂因内宠以杀群吏，而立公子无亏"④。春秋中期，"齐侯使崔杼为大夫，使庆克佐之，帅师围卢"，又"庆封为大夫，庆佐为司寇"⑤。二人原均微贱，系为国君杀卿大夫有功而得以擢升为大夫。史称齐庄公在位期间"田桓子无宇有力，事齐庄公，甚有宠"⑥，田氏代齐则源于此。而齐庄公重用近臣，最终竟然反为所害。齐简公时期，"阚止有宠

---

① 〔西晋〕杜预注，〔唐〕孔颖达等正义：《春秋左传正义》卷三十三，见〔清〕阮元：《十三经注疏》（清嘉庆刊本），中华书局，2009年，第4266页。
② 〔西晋〕杜预注，〔唐〕孔颖达等正义：《春秋左传正义》卷三十四，见〔清〕阮元：《十三经注疏》（清嘉庆刊本），中华书局，2009年，第4281页。
③ 〔西晋〕杜预注，〔唐〕孔颖达等正义：《春秋左传正义》卷三十四，见〔清〕阮元：《十三经注疏》（清嘉庆刊本），中华书局，2009年，第4281页。
④ 〔西晋〕杜预注，〔唐〕孔颖达等正义：《春秋左传正义》卷十四，见〔清〕阮元：《十三经注疏》（清嘉庆刊本），中华书局，2009年，第3927页。
⑤ 〔西晋〕杜预注，〔唐〕孔颖达等正义：《春秋左传正义》卷二十八，见〔清〕阮元：《十三经注疏》（清嘉庆刊本），中华书局，2009年，第4172页。
⑥ 〔西汉〕司马迁：《史记》卷四十六，中华书局，1982年，第1881页。

焉。及即位，使为政"①。最终造成齐简公、阚止一党与田氏一党火拼，齐国政权转手。综上可见，姜氏统治齐国的数百年间，齐国君主的近臣颇为活跃。

除近臣外，齐国君主近卫人员还包括齐君作战之时副车参乘者。例如，鞌之战中，本为邴夏御齐侯，逢丑父为右由于齐军溃败，齐君匆忙逃奔，故"丑父使公下，如华泉取饮。郑周父御佐车，宛茷为右，载齐侯以免"。齐国国君战败，亲兵有意死难，此时副车后备作用得以发挥。齐国军队主力总共五军，按照春秋后期惯例一军规模当在万人左右。其中，齐侯亲自领有一军护卫，又有一军后备。若按此，车兵规模一万余人是否过大？位于山东省临淄故城的齐景公墓，两千余年屡屡经过盗掘破坏，但发掘之时仍然残存殉马六百余匹，兵车一二百乘②。接近的时期，鲁国全国兵车不过七八百乘。而齐景公墓出土的车马不过是齐国近卫车马之一小部分，规模大致相当于近卫部队。若以一乘七十人计算，仅墓中出土的车马就可以装备一万余人。即便以三十人为一乘，也有近六千人的规模。

前文所提到齐君的部分近臣，在作战时往往充当齐君副车的参乘者。例如，殖绰、郭最在平阴之战中担任齐军近卫官，负责殿后。此时，其与近臣州绰同列，可见，齐国君主近臣与近卫的身份区分并不十分严格。

四、齐国近卫军的军种

与其他诸侯国一样，齐国近卫军有车兵、徒兵之分。如鲁哀公十一

---

① 〔西晋〕杜预注，〔唐〕孔颖达等正义：《春秋左传正义》卷五十九，见〔清〕阮元：《十三经注疏》（清嘉庆刊本），中华书局，2009年，第4719页。
② 于嘉芳：《临淄殉马坑考辨》，《管子学刊》，1988年第1期。

年，鲁、吴联合伐齐，齐公孙夏命其徒歌①。在出土文献之中，同样可以看到类似的兵种区分。金文之中有"齐城右造车戟"、齐城左"造车戟"、陈某"徒戈"、国楚"车戈"等等。这些武器的年代跨度从春秋到战国，持有者有私人有公家，有车兵有步兵，虽非近卫军之特有，亦可证明东周时期齐国近卫军包括了车兵与徒兵。

此外，值得注意的是，齐国近卫军中还设有锐司徒与辟司徒，当为齐国特殊的兵种。《左传·成公二年》载：

> 齐侯见保者，曰："勉之。齐师败矣！"辟女子。女子曰："君免乎！"曰："免矣。"曰："锐司徒免乎？"曰："免矣。"曰："苟君与吾父免矣，可若何？"乃奔。齐侯以为有礼。既而问之，辟司徒之妻也。

杜预注："锐司徒，主锐兵者。""辟司徒，主垒壁者。"② 由是可知，齐国近卫军应包括由锐司徒和辟司徒所领导的两部。《诗经·小雅·角弓》有"莫肯下遗"之句，《荀子·非相》引此"遗"作"隧"。此外，《史记·陆贾传》"及平原君母死……辟阳侯乃奉百金往税"，集解引韦昭语："衣服曰税，税当为襚。"③ 从"贵"声之"遗"字、从"兑"声之"税"均与从"遂"声之字相通。锐正字当为隧，即道也。齐国近卫军队有后卫负责塞道的传统。在前引《左传·成公二年》的文字，女子未曾见到锐司徒，先见到国君。锐司徒当在断后，所以不曾露面。又如，《左传·襄公十八年》：

---

① 〔西晋〕杜预注，〔唐〕孔颖达等正义：《春秋左传正义》卷五十八，见〔清〕阮元：《十三经注疏》（清嘉庆刊本），中华书局，2009年，第4705页。
② 〔西晋〕杜预注，〔唐〕孔颖达等正义：《春秋左传正义》卷二十五，见〔清〕阮元：《十三经注疏》（清嘉庆刊本），中华书局，2009年，第4114页。
③ 高亨纂著，董治安整理：《古字通假会典》，齐鲁书社，1997年，第490、556页。

赳赳武夫　公侯干城——东周时期的近卫制度

> 十一月丁卯朔，入平阴，遂从齐师。夙沙卫连大车以塞隧而殿。殖绰、郭最曰："子殿国师，齐之辱也。子姑先乎！"乃代之殿。卫杀马于隘以塞道。①

在鲁襄公十八年的平阴之战中，齐国为晋国击溃。齐军由平阴小径逃窜。先是夙沙卫，稍后是殖绰、郭最负责殿后。将车堵塞道路。之后，齐国军队杀掉马匹阻塞追兵。若按前文中的推断，隧将军为负责国君断后的部队，则在平阴之战中，夙沙卫应充当隧将军一职。金文中的辟大夫当类似辟司徒，负责君主营垒警戒。李家浩将贵将军虎节与辟大夫虎节铭文之中官职的前缀统一释文为"填丘与娄绋"，并认为是营丘发放给某地之物②。营丘，文献记载为齐太公初封之地，后世齐国迁居临淄。营丘地名的具体地理位置目前仍然有争议，是否与临淄同一地方仍不得而知。根据考古资料得知，同时代齐国国都官营作坊所产兵器多以"齐城"称国都，如"齐城造戈""齐城子戈""齐城右戟""齐城右造戟"等，在上述各例铭文之中，官方均不以"营丘"而以"齐城"称都城，因而李说实有商榷余地。出土的齐系符节之中往往见到直书某人领节的例子，例如"熊节""马节"，仅仅称为某人之节，均不记录由何人授予该节。如果依据此例，该铭文应当另行解释。所谓"填丘与娄绋"解为填丘予娄绋仍有不妥之处，应当解释为人物前缀修饰之词，拟当解释为"填丘与、娄、绋"。填，《汉书·高帝纪》："填国家，抚百姓，给饷馈，不绝粮道，吾不如萧何。"颜师古注："填与镇同。镇，安也。"此处之"填"，《史记·高祖本纪》作"镇"，同样意为镇守与安定③。丘与、娄、绋三者似乎作三个地名解释较为恰当：首先，丘与当即文献之中的丘舆。在战国文字中，"与"和"舆"

---

①〔西晋〕杜预注，〔唐〕孔颖达等正义：《春秋左传正义》卷三十三，见〔清〕阮元：《十三经注疏》（清嘉庆刊本），中华书局，2009年，第4265—4266页。

② 李家浩：《贵将军虎节与辟大夫虎节——战国符节铭文研究之一》，《中国国家博物馆馆刊》，1993年第2期。

③ 高亨纂著，董治安整理：《古字通假会典》，齐鲁书社，1997年，第92页。

存在通假例证①。《左传·成公二年》:"晋师从齐师,入自丘舆,击马陉。齐侯使宾媚人赂以纪甗、玉磬与地……七月,晋师及齐国佐盟于爰娄。"②其次,据前引《左传》娄或者即爰娄。丘舆、马陉紧邻,成公二年之时晋国大军已经突破前者,并且在围攻后者。齐国主动屈服,因而双方于爰娄会盟。爰娄与晋军前锋距离不远,与丘舆紧挨。上述三处地界位置接近齐都临淄,近卫部队驻守当地,拱卫都城。如若这一判断为真,则战国时期齐国有近卫军戍守郊区的制度。此一制度,似乎与春秋以来的传统有关。例如,《左传·襄公二十五年》"崔氏杀豁蔑于平阴",杜预注云:"豁蔑,平阴大夫,公外嬖。"杨伯峻认为平阴为齐国西部重要隘口,为防御晋国之要地。因为自从齐庄公上台之后,一直与晋国交恶。此时,齐国国君派遣一亲信镇守西陲重镇十分有必要。豁蔑或出于齐庄公母族,故为之亲信,委任以方镇重任③。

五、齐国近卫军马匹的来源

东周时期齐国近卫组织与马匹关联密切,齐国故地本身即拥有悠久的马匹养殖传统。《左传·襄公二年》:"齐侯伐莱,莱人使正舆子赂夙沙卫以索马、牛,皆百匹。"杨伯峻认为,索牛马皆为精选之牛马④。莱国故地在春秋中叶即已经被齐国吞并。齐国逐鹿中原,武备不可或缺,其中战马尤为关键。东周时期,获取马匹备受齐国政治家的重视。《管子》一书从多方面探讨治理策略,其中多处涉及养马一事。例如,《管子·八观》:

---

① 白于蓝:《简帛古书通假字大系》,福建人民出版社,2017年,第294页
② 〔西晋〕杜预注,〔唐〕孔颖达等正义:《春秋左传正义》卷二十五,见〔清〕阮元:《十三经注疏》(清嘉庆刊本),中华书局,2009年,第4114—4115页。
③ 杨伯峻:《春秋左传注》,中华书局,2016年,第1210页。
④ 杨伯峻:《春秋左传注》,中华书局,2016年,第1008页。

赳赳武夫　公侯干城——东周时期的近卫制度

> 行其山泽，观其桑麻，计其六畜之产，而贫富之国可知也。夫山泽广大则草木易多也，壤地肥饶则桑麻易殖也，荐草多衍则六畜易繁也。山泽虽广，草木毋禁，壤地虽肥，桑麻毋数，荐草虽多，六畜有征，闭货之门也。故曰：时货不遂，金玉虽多，谓之贫国也。故曰：行其山泽，观其桑麻，计其六畜之产，而贫富之国可知也。①

依房玄龄之注，荐，"茂草也"；征，"赋"；时货，"谷帛畜产"。遂，《国语·齐语》"牺牲不略则牛羊遂"，韦昭注："遂，生也。"《管子》的此段引文认为农牧产品为国富前提，无此前提国家金玉虽多终究不能至于富强。因而要重视农牧业生产，对于民间，当放宽一些，蓄养牲畜不必急于征敛。否则，吃干用尽一到危急关头将无所榨取。

除去征收一路，尚有交换一途。《管子·山国轨》：

> 管子对曰："……梁、渭、阳琐之牛马满齐衍，请殷之颠齿，量其高壮，曰：'国为师旅，战车殷就敛子之牛马。上无币，请以谷视市櫎而庚子牛马，为上粟二家。'二家散其粟，反准，牛马归于上。"②

山，黎翔凤训为"宣"；"国轨"即国法；殷，假为敯，敯使走而观之；櫎，为市场现价。此段话的意思为，以财货回笼民间谷米，民间谷米价格上升，再以谷米换马，官府获利数倍。此为人为操纵价格，贱买贵卖。山国轨，意即宣布国法。此篇或为后世学者之设想，假托齐桓公与管仲所立成法，希望当权者接纳。

此外，《管子·轻重甲》：

---

① 黎翔凤撰，梁运华整理：《管子校注》卷五，中华书局，2004年，第258—259页。

② 黎翔凤撰，梁运华整理：《管子校注》卷二十二，中华书局，2004年，第1294页。

牛马绝罢而相继死其所者相望,皮干筋角徒予人而莫之取,牛马之贾必坐长而百倍。天下闻之,必离其牛马而归齐若流。故高杠柴池,所以致天下之牛马,而损民之籍也。①

此设计使民户牛马损失,从而高抬价格,鼓励远方商贾来贸易,凭借如此方式得以获取天下之牛马。当然,此等措施在多大程度上得以实施?抑或仅仅是一种构想?还需要进一步的资料支撑。

从各种文献来看,齐国有官府养马的传统,而且民众有上缴草料的义务。《晏子春秋·谏上·二五》:"景公使圉人养所爱马。"银雀山汉墓竹简《田法》规定农民可以支配的农产品的数量与比例:"叔(菽)箕(萁)民得用之,槀民得用其什一,刍人一斗,皆藏于民。"菽,豆类的总称,于诸经典之中多指大豆。萁,豆秆。槀,禾类植物的茎秆。刍,喂牲畜的草。按此《田法》,百姓出产粮食后,可以使用豆秆;可以使用总产量十分之一槀;每人限用一斗刍,这些菽萁、槀、刍,无论可用与不可用,皆存放在百姓家里。由此可推测,东周时期,齐国饲养马、牛和其他牲口众多,故需要征收较多的刍、槀②。齐国公私均普遍养殖马匹。军队用时,可以从民间征集,甚至可以从远地购买。相应的,民间平时需要缴纳秸秆等物资,以供应官府马匹食用。可以认为,齐国在骏马养殖方面仍然以征调民间物资为主。而《管子》之中所记载的类似于后世"均输""平准"的政策更多的时候仅为一种制度设计,力图在一定程度上通过较为灵活的方式使国家、农夫受益,可能是基于强征滥发所带来的问题而做出的设计。

---

① 黎翔凤撰,梁运华整理:《管子校注》卷二十三,中华书局,2004年,第1406—1407页。
② 郭丽:《战国时期齐国的土地制度和农业生产管理》,《中国农史》,2017年第2期。

六、陈氏私兵与姜齐倾覆

齐国卿大夫家族备有私人武力，前面已经提及在考古资料之中发现过铭文为齐国卿大夫名字的兵器若干。这些文物的年代几乎跨越整个东周时期，其拥有者包括齐国的国氏与陈氏等家族在内。根据《左传》，齐国历次内乱均有卿大夫武装参与。

齐国国君之近卫官开放程度颇高，大抵由卿大夫子弟有材武者来担任，例如崔氏、庆氏、晏氏、陈氏。其中，多为齐国次流卿大夫，而且不乏外国流亡者在内。近臣侍卫势力在齐国历次政变之中十分活跃，而且有些家族正是通过这一途径崛起的。

姜齐亡于陈氏，陈氏在推翻姜氏在齐国的统治之后，取而代之成为齐国的君主，此后的齐政权被称为田齐。考虑到陈氏主要凭借由宗人所组成的私兵击败政敌，而这些私兵在陈氏掌握齐国政权之后，极有可能成为齐国近卫军的一部分。

日本学者太田幸男有《田齐的建立》一文，对于陈氏代齐以及陈氏家族结构特征有深入研究。该文认为齐国陈氏家族首领非世袭，不是特定的，而是出于宗族成员共同推戴[①]，其中颇有值得商榷之处。根据文献记载，齐国陈氏的私兵势力具有以下几个特点：

第一，齐国陈氏家族家主父子相承，且享有对全族成员稳固的支配地位，对于私兵的支配也是绝对的。从陈氏进入齐国至春秋结束之时，除去一次兄终弟及的例子，陈氏家主均为父子之间稳固承袭。《左传》明确指出，面对"我（子我）尽逐陈氏，而立女"的诱惑。陈豹坚持："我远于陈氏矣。且其违者，不过数人，何尽逐焉？"可见，陈氏内部继承以近支

---

① [日]太田幸男著，路英勇译：《田齐的建立》，《管子学刊》，1995年第1期。

为先，远房在常态之下是被排除在外没有继承可能性的。从《左传》相关文字来看，陈氏篡权所依赖的力量主要是家庭成员所组成的私兵。陈氏家族族长有权支配族人，在决策之际通常出于独断。《左传》哀公十一年，"陈僖子谓其弟书：'尔死，我必得志。'"① 陈氏族长陈僖子令其兄弟从军送死，对方不容反对。可见，其对于主要由族人组成的私兵有绝对支配权。

第二，宗族组织在陈氏私人武装组织之中发挥凝聚的作用。首先，宗人是陈氏私兵的骨干。鲁哀公十四年，陈氏弑齐简公。弑杀之前，陈氏家主陈成子有所迟疑，陈逆鼓动曰："需，事之贼也。谁非陈宗？所不杀子者，有如陈宗。"关于此"陈宗"，指的是陈氏家族，血缘组织"宗"与"族"在某些语境之下是可以通用的，这一处"陈宗"指的是陈氏自陈完以下整个宗族，包括远近各个支系②。在此，强调起义之人尽是同一个宗族的成员，此时应当有难同当。从中，可见陈氏起事所依赖的力量就是自身所在的宗族成员。其次，共同的祖先使得私兵成员紧密团结在宗族首领的旁边。

"所不杀子者，有如陈宗"该句应当如何理解？特别是其中的"子"又究竟指代为何？《助字辨略》引用《左传》若干盟誓之时"所"用例，指出所为发句之词，引出条约或者盟誓之言的内容③。此处的陈宗，指的是陈氏自陈完以下的历代祖宗，在此作为见证者④。"所不杀子者"的"子"可以与"兹"通假，为此意。《史记·孔子弟子列传》"子商字丕子"，《左传·襄公十一年》作"丕兹"⑤。兹，意为此。在这一语境之下，此人指代当是阚止，在祖宗英灵的见证下奋勇杀敌。《左传》中的盟约的

---

① 〔西晋〕杜预注，〔唐〕孔颖达等正义：《春秋左传正义》卷五十八，见〔清〕阮元：《十三经注疏》（清嘉庆刊本），中华书局，2009年，第4705页。
② 张荣明：《殷周时代的宗教组织》，《世界宗教研究》1998年第3期。
③ 俞敏监修，谢纪锋编纂：《虚词诂林》，黑龙江人民出版社，1992年，第462页。
④ 杨伯峻：《春秋左传注》，中华书局，2016年，第1881页。
⑤ 高亨纂著，董治安整理：《古字通假会典》，齐鲁书社，1997年，第429页。

赳赳武夫　公侯干城——东周时期的近卫制度

"所"多为说话者向接受者强调自己的义务,此后附带就是违背盟约自己如何如何。例如,《左传·僖公二十四年》:"公子曰:'所不与舅氏同心者,有如白水。'"①

其意图表明田氏家族能够团结起来一致对外,同时保证谁如果不忠于整个家族,谁将会受到不容于列祖列宗。故而,引文之中"所不杀子者"之"子"应为"此",当指的是监止一派的政敌。

从以上分析来看,齐国田氏是一个由族长紧密支配的团体。这一团体之中,包括武装组织在内,均由族人构成,更由族长统治。陈氏能够消灭齐简公和简公近臣监止,篡国成功,私兵近卫组织作用巨大。陈氏篡权虽有长期潜移默化积累之因素,但在很大程度上借助了艾陵战役之后的特殊历史机遇。齐国军力(三军)以国人为主体,同样是齐国公室稳固的基石。之前,齐国内部虽然经过数次内乱,但是国人群体依旧存在,依旧能构成公室稳定的基础。从《齐语》记载来看,姜氏齐国国君与高、国二卿分领三军,高、国两家与公室相辅相成,维系大局稳定。姜齐的几次内乱,使得若干家卿大夫覆灭,而国君受创伤较小,高、国则是死而不僵。因而,政权转移的机会并不成熟。艾陵之战,齐国公室与高、国两族损失惨重。由于高、国两族以及公室力量由此被严重削弱,故而有陈氏针对国君的内乱。而以田氏为代表的若干家族,多因与国君关系密切而得以发迹,更多的时候厕身近卫之列。例如,齐庄公继位后,庄公与高、国两族矛盾尖锐,而陈桓子事齐庄公,甚有宠。陈氏自从齐桓公时代出奔齐国,数代之内默默无闻。在日后齐国的几场内斗之中,各大家族或者族灭,或者流亡他国,田氏坐大。至齐简公宠信监止,力图以此来消灭田氏。监止行动不周密,甫一动手,即打草惊蛇。田氏利用自己的私人武装,攻破宫门、劫持国君并斩杀监止。

---

① 〔西晋〕杜预注,〔唐〕孔颖达等正义:《春秋左传正义》卷十五,见〔清〕阮元:《十三经注疏》(清嘉庆刊本),中华书局,2009年,第3942页。

第四章

晋国近卫制度

第四章　晋国近卫制度

晋国是春秋时期"五霸"之一，称霸中原百余年，其军制则尤为治晋国史者所关注。随着晋国霸业的推进，其军制也在不断发展变化，可以说，晋国在军事赋税、兵制、兵员、兵种等方面的改革有效助推了晋国霸业的达成，而霸业确立的军将军事权威与卿族私兵不断发展的相互结合则最终对晋国君权形成了反噬。晋国近卫制度是晋国军制的一项重要组成部分，也是东周时期诸侯国近卫制度的典型。

一、晋国军制简述

晋国军制承继周制，封国之时国小地狭，无有军队编制之记载，直至曲沃代晋，周僖王使虢公命曲沃伯以一军为晋侯之时，晋国始有一军。周制，大国三军，次国二军，小国一军，则此时晋国还为小国，不过此后晋国以武力代翼为发端，军事实力逐渐发展壮大，终至称霸中原。

（一）晋国的军制与军队

1. 晋国军制的变化

晋国军制经过几个阶段的变化，相关论著进行了详尽的梳理和总结，兹结合史料再简要叙述。

公元前 678 年，以一军为晋侯；公元前 661 年，晋侯作二军；公元前 633 年，晋大蒐于被庐，作三军；一年后的公元前 632 年，晋成立三行，合计六军；公元前 629 年，晋大蒐于清原，作五军，废三行，更为新上军和新下军，合计五军；公元前 621 年，晋大蒐于夷，舍上、下新军，恢复三军；公元前 588 年，晋又增新中、上、下三军，仍为六军；公元前 578 年，晋国为四军；公元前 560 年，晋大蒐于绵上，恢复三军编制，再未

赳赳武夫　公侯干城——东周时期的近卫制度

更改。

可以看出，从晋侯缗二十七年（公元前 678 年）至晋悼公十五年（公元前 560 年）100 余年时间里，晋国军制发生了九次变化，最后固定为中、上、下三军。晋国军制变化频仍的原因，学界进行过诸多讨论，主要认为是为了服务称霸、抵御侵略或者卿族权力的再分配等，也有学者认为，根本的原因乃是由构成社会经济基础的物质生产方式的变化决定的①，不论何种原因，军制的变化客观上导致晋国军事实力不断壮大，疆域不断拓展，霸业持续 100 余年。

2. 晋国军队的编制与兵种

晋国军制先后变化九次，其军队之编制肯定相应发生变化，但总体而言，应该是继承周制。

《周礼·夏官·司马》："凡制军，万有二千五百人为军……军将皆命卿；二千有五百人为师，师帅皆中大夫；五百人为旅，旅帅皆下大夫；百人为卒，卒长皆上士；二十五人为两，两司马皆中士；五人为伍，伍皆有长。"②《周礼》中之记载是较为理想之情况，考诸《左传》，晋国也出现师、旅、卒、两等名词，不过其内涵还有争论。"凡六官之长，皆民誉也。举不失职，官不易方，爵不逾德，师不陵正，旅不逼师"③，记载了晋悼公政治改革中强调官职中下不陵上，旅在师下，似为行政官职；"自六正五吏、三十帅、三军之大夫，百官之正长，师、旅及处守者皆有赂"④，记载了晋国伐齐以报朝歌之役，齐国贿赂晋侯及军政各级官员，三军大夫之前为军队官职，百官之正长后应是行政官职；"乃通吴于晋，以两之一卒适吴，舍偏两之一焉"⑤，此"卒"指战车之数，并非是徒兵之数，"其君之

---

① 杨英杰：《春秋晋国军制探讨》，《晋阳学刊》1983 年第 6 期。
② 〔东汉〕郑玄注，〔唐〕贾公彦疏：《周礼注疏》卷二十八，见〔清〕阮元：《十三经注疏》（清嘉庆刊本），中华书局，2009 年，第 1792 页。
③ 杨伯峻：《春秋左传注》，中华书局，2016 年，第 997 页。
④ 杨伯峻：《春秋左传注》，中华书局，2016 年，第 1214 页。
⑤ 杨伯峻：《春秋左传注》，中华书局，2016 年，第 912 页。

戎分为二广，广有一卒，卒偏之两"① 也同样可证。

虽然上引例子有军中官职与行政官职的争论存在，但晋国六卿担任将帅本身就是军政结合之体现，行政官职序列名称借鉴军队官职序列完全是可能的，也是合理的。赵鞅在晋、郑铁之战战前动员讲话中指出，"克敌者，上大夫受县，下大夫受郡，士田十万，庶人工商遂，人臣隶圉免"②，关于这段史料中所提及的内容，很多学者都有自己不同的看法，也存在着争议，但从其中可以看出晋国军队成员身份。卿大夫是国家的贵族阶级，因此在军队中也是担任将领的，卿是军队高级将领，大夫在军队中多是担任中层领导，士多为中下层军官或车兵及军队将佐的贴身侍卫，如御戎、车右等，庶人为普通士兵，其余工、商、臣、隶、圉大多是为军队服务的，如负责军队器具的保存、管理、修缮及后勤保障等事务。其中臣、隶、圉都是奴隶，这部分人在国家遭遇战争需要组建军队时也是作为军队成员出征的，如果立有战功则可以免除奴隶的身份③。

春秋时期战争以车战为主，晋国也不例外，一辆车甲士三人或者四人，曰一乘，即是车兵。"赋车、籍马，赋车兵、徒兵、甲楯之数"④，明言当时存在车兵。在考古过程中，有大量的车马坑被发现，晋国北赵晋侯墓地和羊舌晋侯墓地均发现有规模宏大的车马坑，如北赵晋侯墓地一号车马坑口部东西长近 22 米，南北宽 14.2~15.3 米，分为两部分，东部葬马，至少有 105 匹马，西部葬车，发掘出排列整齐的 48 辆车，均为整车放入，其上的铜构件及装饰物未拆卸，车舆的种类多样⑤，《左传》《国语》中有大量的车战记载，充分说明了当时车战是占统治地位的，如有关曹刿论战的记载，"齐人三鼓，刿曰：'可矣。'齐师败绩。公将驰之，刿曰：'未

---

① 杨伯峻：《春秋左传注》，中华书局，2016 年，第 799 页。
② 杨伯峻：《春秋左传注》，中华书局，2016 年，第 1801 页。
③ 李沁芳：《晋国六卿研究》，吉林大学博士学位论文，2021 年，第 33—34 页。
④ 杨伯峻：《春秋左传注》，中华书局，2016 年，第 1221 页。
⑤ 山西省考古研究所、北京大学考古文博学院：《山西北赵晋侯墓地一号车马坑发掘简报》，《文物》2010 年第 2 期。

可.'下视其辙,登轼而望之,曰:'可矣.'遂逐齐师。既克,公问其故,对曰:'夫战,勇气也。一鼓作气,再而衰,三而竭。彼竭我盈,故克之。夫大国难测也,惧有伏焉。吾视其辙乱,望其旗靡,故逐之。"①(《左传·庄公十年》)"驰之""登轼""视其辙乱"等明言此时战争为车战。

春秋后期,随着战争规模的不断扩大,以及战场超出平原地区拓展到山地,步兵的重要作用越来越得到发挥,"毁车以为行,五乘为三伍"(《左传·昭公元年》),记载了太原之战魏舒在与狄人作战时改车兵为步兵。"晋韩厥、荀偃率诸侯之师伐郑,入其郛,败其徒兵于洧上"②,又襄公二十五年同时提到车兵和徒兵两个兵种,可见步兵也是主要的兵种。

(二)晋国的世卿世禄

晋国帅佐之制由晋文公创制,六将佐即六卿,遇有战事则领兵打仗,平时则参与机枢,处理政务,是明显的军政合一体制。其实在晋文公之前,晋国以司空、司徒、司马、太师、太傅当政③,晋献公时,司空士蔿主持晋国国政,至文公蒐于被庐,作三军时才以军的将佐为卿,此时为卿的基本为跟随文公出逃列国的狐偃、赵衰等功勋老臣,前期将佐的选拔基本还是以个人的功劳和贡献为标准,后期则固定由若干卿族中的成员轮流充任。以三军将佐,即中军将、中军佐、上军将、上军佐、下军将、下军佐为例,遇有空缺,即在大的卿族之间进行相应轮转,除非该卿族没有继承人或者因政治原因被族灭。如鲁宣公十二年(前597)夏六月,晋师救郑时,晋国将佐顺序为荀林父、先縠、士会、郤克、赵朔、栾书,此时栾书排在六卿最后一位,到鲁成公十三年(前578)时,经过接近20年时间,栾书已任中军将。再如鲁文公七年(前620),晋国六卿顺序为赵盾、先克、箕郑、荀林父、先蔑、先都,鲁文公十二年(前615),六卿顺序则

---

① 杨伯峻:《春秋左传注》,中华书局,2016年,第199—200页。
② 杨伯峻:《春秋左传注》,中华书局,2016年,第1005—1006页。
③ 韩连琪:《春秋战国时代的中央官制及其演变》,《文史哲》1985年第1期。

为赵盾、荀林父、郤缺、臾骈、栾盾、胥甲。短短五年时间内，六卿中除赵盾和荀林父外，其余四人均发生了变化，而荀林父直接由第四位的上军佐升迁为第二位的中军佐，这是因为先克、先都、箕郑因政治斗争先后被杀，六卿出现较大变化。因政治斗争导致卿族退出晋国政治舞台的例子还有担任中军佐的狐射姑与担任中军将的赵盾不和，狐射姑奔狄，狐氏消失于晋国政坛；鲁宣公十三年（前596）先縠被杀，先氏被灭族。

晋国早期，晋侯和卿族、卿族与卿族之间维持着某种程度的平衡，晋国大的卿族先后有狐氏、胥氏、先氏、郤氏、栾氏、范氏、中行氏、知氏、韩氏、魏氏、赵氏等，后来六卿固定出自范氏、中行氏、知氏、韩氏、魏氏、赵氏六家，随着卿族不断地斗争和整合，胜出的卿族在军事和政治上不断攫取权力，强化家族势力，逐渐形成世卿世禄制，晋中晚期以后，晋侯无力控制诸卿族，"……子服昭伯语季平子曰：'晋之公室其将遂卑矣。君幼弱，六卿强而奢傲，将因是以习，习实为常，能无卑乎？'"①卿族之间斗争更加白热化，最终演化成三家分晋。

在卿族逐渐发展壮大的过程中，卿族的军事实力成为政治斗争的重要砝码，而政治斗争则又不断促使各卿族更加积极发展各自的军事实力，重要的体现便是私兵的发展。春秋各国军队的兵员组成从归属上说有公甲与私兵之分，从礼乐征伐自天子出到礼乐征伐自诸侯出，再到卿大夫执国政，私兵也逐渐发展壮大，不但政在家门，而且军也在家门②，逐渐呈现"公乘无人，卒列无长"（《左传·昭公元年》）的局面。

---

① 杨伯峻：《春秋左传注》，中华书局，2016年，第1534页。
② 杨英杰：《春秋晋国军制探讨》，《晋阳学刊》1983年第6期。

赳赳武夫　公侯干城——东周时期的近卫制度

二、晋国的公甲

西周军事制度中的兵源完全是国人，野人无当兵资格①。在西周车战中，一乘是一辆战车，车上载三人，一般君主任统帅，居鼓之下指挥，御者在右，左边执戈作战，若非君主统帅，则居左，御者居中。晋国继承该制度，其车战军制在史料中很容易找到相关例证。

1）晋侯作二军，公将上军，大子申生将下军，赵夙御戎，毕万为右，以灭耿、灭霍、灭魏，还，为大子城曲沃，赐赵夙耿，赐毕万魏，以为大夫。②（《左传·闵公元年》）

2）大子帅师，公衣之偏衣，佩之金玦。狐突御戎，先友为右。梁馀子养御罕夷，先丹木为右。羊舌大夫为尉。③（《左传·闵公二年》）

3）晋里克帅师，梁由靡御，虢射为右，以败狄于采桑。梁由靡曰："狄无耻，从之，必大克。"里克曰："惧之而已，无速众狄。"虢射曰："期年狄必至，示之弱矣。"④（《左传·僖公八年》）

4）三败及韩。晋侯谓庆郑曰："寇深矣，若之何？"对曰："君实深之，可若何！"公曰："不孙！"卜右，庆郑吉。弗使。步扬御戎，家仆徒为右。⑤（《左传·僖公十五年》）

5）乃使郤縠将中军，郤溱佐之，使狐偃将上军，让于狐毛，而佐之。命赵衰为卿，让于栾枝、先轸。使栾枝将下军，先轸佐之，荀

---

① 文士丹：《春秋时期的军制演变》，《江西社会科学》1990年第5期。
② 杨伯峻：《春秋左传注》，中华书局，2016年，第282页。
③ 杨伯峻：《春秋左传注》，中华书局，2016年，第295页。
④ 杨伯峻：《春秋左传注》，中华书局，2016年，第351—352页。
⑤ 杨伯峻：《春秋左传注》，中华书局，2016年，第387页。

林父御戎，魏犨为右。①（《左传·僖公二十七年》）

6）癸酉，师陈于鞌。邴夏御齐侯，逢丑父为右。晋解张御郤克，郑丘缓为右。②（《左传·成公二年》）

7）韩厥梦子舆谓己曰："旦辟左右！"故中御而从齐侯。邴夏曰："射其御者，君子也。"公曰："谓之君子而射之，非礼也。"射其左，越于车下。射其右，毙于车中。綦毋张丧车，从韩厥曰："请寓乘。"从左右，皆肘之，使立于后。韩厥俯，定其右。逢丑父与公易位。将及华泉，骖絓于木而止。③（《左传·成公二年》）

8）以家仆徒为右，步扬御戎。梁由靡御韩简，虢射为右。④（《国语·晋语三》）

上述材料详细记录了数次战争中晋国主帅、御戎、车右等的具体情况，为我们了解春秋时期晋国车战提供了重要参考。

（一）兵员的性质

国之大事，在祀与戎。春秋时期遇有战争，需告宗庙后才可以大军开拔，履行相应的祭祀程序，而对军将或者兵车乘员的选择也需要听取神的旨意，上引材料4中"卜右，庆郑吉"应是当时通行的礼制。认真分析上述征引史料，主帅兵车的乘员一般是当时卿族中的重要人物，各军将帅的选择也遵照卿族政治排位进行顺延排列，他们毫无疑问是晋国供养的高级军事将领。总体上看，东周时期战争规模是不断扩大的。春秋之初，郑伯伐京城大叔，仅用兵车二百乘，到中后期随着战争规模的不断扩大，千乘

---

① 杨伯峻：《春秋左传注》，中华书局，2016年，第487—488页。
② 杨伯峻：《春秋左传注》，中华书局，2016年，第864页。
③ 杨伯峻：《春秋左传注》，中华书局，2016年，第866页。
④ 徐元诰撰，王树民、沈长云点校：《国语集解》，中华书局，2002年，第309页。

者也慢慢出现，"晋车七百乘，韅、靷、鞅、靽"（《左传·僖公二十八年》），接近一千乘，至春秋末年，"叔向曰，寡君有甲车四千乘在，虽以无道行之，必可畏也"（《左传·昭公十三年》），此时晋国兵车已经有四千乘了。那么，晋国车兵及每乘兵车配备的步卒属于什么性质呢？晋国国家军队的兵员编制取决于当时流行的国野分治，国人在政治上享有广泛的权利，在经济上承担较少的义务，他们参加军队，对外与戎狄、淮夷等异族作战，维护政权的稳定①。可以推断，此时诸侯国军队主要由居住在国都或者国都四郊的居民编组而成。

（二）兵员的管理与训练

由上文可知，正是由于国野分治二元体制的影响，此时各诸侯国国人群体居住在国都或者离国都不远的地方，戎事起时较易进行动员和征召，以营房集中居住管理训练可能性不大，文献记载，晋国平时的军事训练则以定期或不定期的军事演习之类活动形式呈现，史料记载晋国数次的"蒐"，既是军制改革、军权分配成果的展示，更是一场针对全军的军事演习。当然，仅仅依靠数次"蒐"来强化军事训练显然也是不够的，"晋侯始入而教其民，二年欲用之"（《左传·僖公二十七年》），晋文公入国之初，即从义、信、礼三个方面开展文教教育以及常态化的练兵备战。

关于晋国军队的管理层级，文献中也有记载："秋七月，晋师及齐国佐盟于爰娄，使齐人归我汶阳之田。公会晋师于上鄢，赐三帅先路三命之服，司马、司空、舆帅、侯正、亚旅，皆受一命之服。"②（《左传·成公二年》）其中司马、司空、舆帅、侯正、亚旅以及上文引用史料中提及的"羊舌大夫为尉"之"尉"显然都是晋国军队中的中高级官员，负责军事、后勤、司法、情报收集等工作，与哀公二年赵鞅誓师动员讲话中提到的军

---

① 李忠林：《春秋时期军赋制度改革辨析》，《南开学报》（哲学社会科学版）2019年第5期。

② 杨伯峻：《春秋左传注》，中华书局，2016年，第874页。

队成员共同构成晋国军队整体。同时，正像军制不断发生变化一样，晋国军队的管理体制也会相应发生变化，春秋后期，随着常备军事力量的不断发展，晋国专门的军事机构开始设立。公元前573年，晋悼公即位之初即对军事制度进行了一系列的改革，以专门的军事训练机构为例，由御戎负责全军兵车之右的军事训练，由上军尉、上军司马负责车兵与步卒间的协同作战训练。这些改革举措有助于提升军队的战斗力，为晋国的霸业复兴奠定了坚实的基础。

（三）公甲与近侍

晋国军队具有浓厚的宗族色彩，自献公时代造成晋国无公族起，晋国军队的领导权就主要掌握在异姓重臣的手里。据统计，晋文公至晋厉公时，晋最精锐的中军是以栾氏、范氏等族人为骨干组织而成，上、下两军和新军是以中行氏、郤氏之族为骨干组织而成，此时，晋国君权强大，能有效地控制和凝聚卿大夫力量，在战场上，由这些卿大夫及其族人组成的军队往往发挥较强的军事作用。

在晋侯直属的军队中，存在负责保卫国君或主帅的近卫人员，国家层面的近卫职能大致可以分为两种情况，一种是战车之副贰。春秋时期遇有戎事国君亲任统帅，登上战车指挥军队进退，按照当时惯例需有另外2人同立一车，即御戎和车右，他们有勇力，作战的同时负有保护国君身家性命之极端重要义务。齐晋鞌之战中，逢丑父与齐顷公趁韩厥不注意而交换乘车位置，从而避免齐顷公被俘，即是车右负有近卫扈从职能之明显例证。《左传》等记载春秋战争较多的文献中不厌其烦地记载战争双方谁御军将、谁为右，可见御戎与车右是重要的职位，放在晋国军政结合的背景下看，御戎和车右基本上是当时权势炙手可热或者有可能登上晋国政治舞台的卿族人物，战胜则与国君一荣俱荣，如果战败则有护卫国君安全撤回之职责。

附御戎与车右之外，贰车和驷乘也负有贰车为公副车，驷乘为兵车四

赳赳武夫　公侯干城——东周时期的近卫制度

人共乘之时车右的副手，毫无疑问都是行近卫扈从之职。履行近卫职能的第二种情况则是护卫国君的甲士，灵辄即是其中一员。

灵辄出现在宣公二年晋灵公不君这一历史事件中，之所以将灵辄独立为一部分，是因为灵辄及他所在的公甲群体是晋侯近卫扈从的代表，就像提弥明是赵盾贴身近卫扈从的代表一样，他们的性质似需要进行探究，《左传·宣公二年》载：

> 秋九月，晋侯饮赵盾酒，伏甲将攻之……初，宣子田于首山，舍于翳桑，见灵辄饿，问其病，曰："不食三日矣。"食之，舍其半，问之曰："宦三年矣，未知母之存否，今近焉，请以遗之。"使尽之，而为之箪食与肉，置诸橐以与之。既而与为公介，倒戟以御公徒而免之，问何故，对曰："翳桑之饿人也。"问其名居，不告而退，遂自亡也。①

晋灵公为杀赵盾在宫殿伏甲，灵辄为报赵盾恩临阵倒戟以御公徒，则伏甲即为公徒，显然是晋侯或者宫殿之常备近卫扈从力量。

《左传·成公十七年》记载：

> 壬午，胥童、夷羊五帅甲八百，将攻郤氏。长鱼矫请无用众，公使清沸魋助之，抽戈结衽，而伪讼者。三郤将谋于榭，矫以戈杀驹伯、苦成叔于其位。温季曰："逃威也！"遂趋。矫及诸其车，以戈杀之，皆尸诸朝。②

成公十七年记载了晋厉公诛杀三郤的经过，胥童、夷羊五帅甲八百攻郤氏，则此八百甲士也为公徒，也是晋侯近卫力量之一证。

---

① 杨伯峻：《春秋左传注》，中华书局，2016年，第720—723页。
② 杨伯峻：《春秋左传注》，中华书局，2016年，第988页。

关于宫殿近卫制度，《周礼》有详细记载，上面章节对近卫制度及官员的职责、编制、管理等情况作了阐述，兹不赘述。除了《周礼》，其他文献也记载有君主的近卫扈从等相关史料。

1) 己亥，天子东归，六师□起。庚子，至于□之山而休，以待六师之人……天子乃遂东征，南绝沙衍。辛丑，天子渴于沙衍，求饮未至。七萃之士高奔戎刺其左骖之颈，取其清血以饮天子。天子美之，乃赐奔戎佩玉一只。①

2) 天子遂西南，癸未至于野王。甲申，天子北升于大北之隥，而降休于两柏之下。天子永念伤心，乃思淑人盛姬，于是流涕。七萃之士葽豫上谏于天子曰……②

3) 阵若云布，侵若风行。轻车翼卫，在戎二方。③

4) 周车三百五十乘，陈于牧野。帝辛从。武王使尚父与伯夫致师。王既以虎贲戎车驰商师，商师大败。④

5) 桀与其属五百人南徙千里，止于不齐，民往奔汤于中野。⑤

上述文献中，虎贲为周王室的近卫部队，六师指宗周的西六师，属于周朝两大常备军之一，另一个为成周八师，"六师之人"的记载表明西六师应承担一定的近卫扈从任务。"七萃之士"在《穆天子传》中多次出现，"萃"，依《周礼·春官》，应与上文中戎右、骖乘等意同，在《穆天子传》中我们可以看到七萃之士除了担任周王扈从，负责保卫周王安全外，高奔戎取其左骖之血为周王解渴，豫葽"上谏"天子，行参谋之责，均丰富了

---

① 〔晋〕郭璞注，王贻樑、陈建敏校释：《穆天子传汇校集释》卷三，中华书局，2019年，第160页。
② 〔晋〕郭璞注，王贻樑、陈建敏校释：《穆天子传汇校集释》卷六，中华书局，2019年，第305页。。
③ 黄怀信：《逸周书校补注译》（修订本），三秦出版社，2006年，第56页。
④ 黄怀信：《逸周书校补注译》（修订本），三秦出版社，2006年，第166页。
⑤ 黄怀信：《逸周书校补注译》（修订本），三秦出版社，2006年，第380页。

赳赳武夫　公侯干城——东周时期的近卫制度

近卫制度的内涵。在《逸周书》中出现"轻车翼卫"当与《诗经》中之"戎车"功能相近，轻便灵活，主要用于军事扈从活动。尤其需注意的是，上面的第 5 条引文中提到"桀与其属五百人南徙千里"之事，夏败亡之时，跟随桀流亡的应是其身边扈从之人，可见近卫扈从制度古已有之。

三代近卫制度之发展存在继承关系，各诸侯国的近卫制度当也借鉴周王畿，晋国公徒的来源及组成是怎样的，是否像周代虎贲一样是从贵族子弟中简选充任，从灵辄宦三年而饿于桑树下的记载来看，公徒的组成可能较为复杂，因史料较少，暂付之阙如。

除了公甲之外，负有近卫职能的还有国君近侍，晋国具有代表性的就是寺人披，其人其事在史料中的记载如下。

> 1) 及难，公使寺人披伐蒲。重耳曰："君父之命不校"。乃徇曰："校者，吾仇也。"逾垣而走。披斩其祛。遂出奔翟。①
> 2) 公令阉楚刺重耳。②
> 3) 吕、郤畏逼，将焚公宫而弑晋侯。寺人披请见，公使让之，且辞焉，曰："蒲城之役，君命一宿，女即至。其后余从狄君以田渭滨，女为惠公来求杀余，命女三宿，女中宿至。虽有君命，何其速也。夫祛犹在，女其行乎！"……蒲人、狄人，余何有焉？③

寺人披即阉楚，其作为晋国宫廷的宦者，直接受晋惠公之命伐蒲并刺杀重耳，显然是晋侯公宫的近侍，"伐"字表明他并非一人执行晋惠公的任务，有可能带领兵甲追杀重耳，这些甲兵即可能为晋国近卫军。重耳回国即位后，寺人披又请求面见晋文公重耳，他以己之忠君向晋文公辩解，最后获得晋文公的重新信任，并"以难告"。重耳自秦返晋即位之时，秦

---

① 杨伯峻：《春秋左传注》，中华书局，2016 年，第 333 页。
② 徐元诰撰，王树民、沈长云点校：《国语集解》，中华书局，2002 年，第 281 页。
③ 杨伯峻：《春秋左传注》，中华书局，2016 年，第 452—453 页。

穆公一次送得力之仆三千人给晋文公，表明宫殿近侍规模庞大。而在晋文公取得城濮之战胜利后，"王命尹氏及王子虎、内史叔兴父策命晋侯为侯伯，赐之大辂之服、戎辂之服……虎贲三百人"①（《左传·僖公二十八年》）。周襄王策命晋文公为诸侯之长，赏赐虎贲三百人，虎贲是周王朝近卫的重要体现，从侧面反映了晋国近卫制度受周王畿近卫制度的影响。

三、晋国的私兵

东周时期，战争频繁，除了诸侯公室直接掌管的军事力量外，各诸侯国公卿大夫也自行组建军队，为扩大兵员，逐渐面向野人、州人征兵，产生了县兵或者邑兵。

公元前645年，晋国"作爰田""作州兵"，拉开了军赋制度改革的序幕，陈恩林在《先秦军事制度研究》认为，晋国"作州兵"开辟了历史上野人当兵的先例，是东周时期兵役制度方面的重大改革。② 清代学者惠栋认为，爰田、州兵是当日田制、兵制改易之始，晋亦由此强盛。可以认为，"作州兵"给晋国军队注入了新鲜血液，保证了晋国军队的充足兵员，使晋国在春秋时能够一直保持强大的军事地位，长期称霸中原。

晋国通过改革极大地提升了经济实力和军事实力，也为争霸提供了财力和兵员支持，但是在此背景下，卿族私兵的势力也逐渐发展壮大至不可遏制，最终成为三家分晋的重要动因。

以私兵与公甲的对立关系而言，晋国最早的私兵则应该在晋初的曲沃一系，曲沃代晋历经67载，和翼频繁爆发战争，以致多位晋侯被杀。作为小宗的曲沃系，屡次攻进翼城，可以说依靠的正是其豢养的私兵，如《左

---

① 杨伯峻：《春秋左传注》，中华书局，2016年，第506—508页。
② 陈恩林：《先秦军事制度研究》，吉林文史出版社，1991年，第132页。

传·桓公三年》记载:"三年春,曲沃武公伐翼,次于陉庭,韩万御戎,梁弘为右,逐翼侯于汾隰。"① 此时翼城大宗才是为周王朝承认的晋国之君,即使曲沃经过不断地发展壮大,军事实力也较翼城强大,但其源头还是从曲沃桓叔个人的私兵发展而来的,因此,在曲沃系被周王正式承认前,其所统领的军队均属于私兵的范畴,曲沃小宗利用私兵伐翼,虽然最终夺取了晋国政权,但客观上在晋国政治上种下了恶果,即留下了发展私兵的传统,使得六卿私下不断发展个人势力,造成晋国后期国君无力控制卿族,卿族间多次爆发大的战争,使得晋国元气大伤,最终导致韩赵魏三家分晋。

(一)卿族的私兵

骊姬之乱后,晋国无公族,异姓卿族崛起,轮流执掌晋国权柄,文献中可找到卿族私兵的记载。"栾、范以其族夹公行"(《左传·成公十六年》),记载了卿族之卒出现在晋楚鄢陵之战晋国军队中;"知庄子以其族反之"(《左传·宣公十二年》),记载的是晋楚邲之战知罃之族参战;"郤子至,请伐齐,晋侯弗许。请以其私属,又弗许"(《左传·宣公十七年》),讲述了郤克被齐国耻笑,请求晋侯出兵伐齐,未得晋侯允许,又请以自家私兵攻伐,亦被晋侯拒绝。上述几例明确记载了晋国卿族拥有私人军事力量,在对外战争过程中,国君直属的军队和卿族私人武装统一被编入军队作战,其中国君直属的军队也会交给卿族进行指挥,如上文所引城濮之战中原轸、郤溱以中军公族横击楚师。"韩赋七邑,皆成县也。羊舌四族,皆强家也……因其十家九县,长毂九百,其余四十县,遗守四千……"②(《左传·昭公五年》)记载了晋平公之时韩起据有七县之赋,羊舌氏据有两县,兵车九百乘,可见卿族常备之私人武装力量之强大。除了

---

① 杨伯峻:《春秋左传注》,中华书局,2016年,第105—106页。
② 杨伯峻:《春秋左传注》,中华书局,2016年,第1405页。

《左传》中明确指出的卿族豢养有私兵之外，卿族间白热化的政治斗争也强烈表明晋国国内强大私人军事力量的存在，下面围绕晋国历史上有名的卿族斗争进行具体说明。

1. 栾盈之乱

  晋将嫁女于吴，齐侯使析归父媵之，以藩载栾盈及其士，纳诸曲沃。栾盈夜见胥午而告之。对曰："不可。天之所废，谁能兴之？子必不免。吾非爱死也，知不集也。"盈曰："虽然，因子而死，吾无悔矣。我实不天，子无咎焉。"许诺。伏之，而觞曲沃人。乐作。午言曰："今也得栾孺子，何如？"对曰："得主而为之死，犹不死也。"皆叹，有泣者。爵行，又言。皆曰："得主，何贰之有？"盈出，遍拜之。四月，栾盈帅曲沃之甲……①（《左传·襄公二十三年》）

上引材料记载了栾盈秘密返回曲沃，与曲沃大夫及曲沃人密谋起事。栾盈在晋平公初即位时曾被任命为晋国公族大夫，也曾任下军佐，辅佐魏绛，后遭母诬陷而被迫离开晋国。栾氏是晋国重要的卿族之一，被迫出奔实质上乃是卿族之间的政治斗争使然，赵氏、韩氏、中行氏、知氏结成一派共同对付栾氏，只有魏氏及七舆大夫助栾氏，栾氏偷偷返回晋国，面临的形势不可谓不严峻，与他密谋的曲沃大夫和曲沃人必是与他关系极为密切之旧人，很可能就是栾氏的旧有部属，《左传》中明言栾盈帅曲沃之甲，即栾氏之私兵。除此之外，栾氏周围也有一批效忠于他的大夫，"知起、中行喜、州绰、邢蒯出奔齐，皆栾氏之党也。乐王鲋谓范宣子曰：'盍反州绰、邢蒯，勇士也。'宣子曰：'彼栾氏之勇也，余何获焉？'王鲋曰：'子为彼栾氏，乃亦子之勇也'"②（《左传·襄公二十一年》）。栾氏之党4

---

① 杨伯峻：《春秋左传注》，中华书局，2016年，第1182—1183页。
② 杨伯峻：《春秋左传注》，中华书局，2016年，第1170页。

赳赳武夫　公侯干城——东周时期的近卫制度

人均是大夫，随同栾盈一起出奔齐国，范宣子感叹栾氏之勇，但无法为己所用，表明了他们与栾盈已然形成了较强的人身依附关系，而从王鲋劝谏范宣子的语言中，也可以依稀看出卿族豢养私兵及私人结党的风气。栾盈虽率兵入绛，奈何势单力薄，最终在几大卿族的联合打击下败亡。

2. 韩赵魏共灭智氏

> 智伯又求蔡、皋狼之地于赵襄子，襄子弗与。智伯怒，帅韩、魏之甲以攻赵氏。襄子将出……乃走晋阳。
> ……
> 襄子夜使人杀守堤之吏，而决水灌智伯军。智伯军救水而乱，韩、魏翼而击之，襄子将卒犯其前，大败智伯之众，遂杀智伯，尽灭智氏之族。①

韩赵魏灭智氏发生在三家分晋前夕，四家以智氏力量最为强大，智伯荀瑶在胁迫韩、魏两家攻赵之时，韩、魏两家为赵所分化，转而联合赵氏灭掉智氏。上述材料中提到"韩、魏之甲""智伯军"都是直属卿族的军事力量，晋中期以后，君权旁落，卿权逐渐强大，不仅具有大量县邑，更以县邑之赋供养军队，此时晋君的地位式微，智、韩、赵、魏四家利用各自所有的军队展开战争，可以想象，卿族的家臣也会拥有以族属子弟为主的私人军事力量。三家分晋之后，周王正式赐韩赵魏三家为诸侯，卿族的私兵最终发展成为诸侯的公甲。

（二）死士豫让

三家分晋之后，智氏被灭，在智氏的残余势力中，死士豫让因刺杀赵

---

① 〔北宋〕司马光编著，〔元〕胡三省音注，"标点资治通鉴小组"校点：《资治通鉴》卷一，中华书局，1956年，第10—13页。

第四章　晋国近卫制度

襄子而名留史册。可以认为，豫让是晋国卿族私兵的一个代表。《史记》对其记载如下。

> 豫让者，晋人也，故尝事范氏及中行氏，而无所知名。去而事智伯，智伯甚尊宠之。及智伯伐赵襄子，赵襄子与韩、魏合谋灭智伯，灭智伯之后而三分其地……豫让遁逃山中，曰："嗟乎！士为知己者死，女为说己者容。今智伯知我，我必为报仇而死，以报智伯，则吾魂魄不愧矣。"
> ……
> 豫让拔剑三跃而击之，曰："吾可以下报智伯矣！"遂伏剑自杀。①

豫让之有关记载以《史记·刺客列传》最为详细，洋洋洒洒近千字，根据统计，最早提到豫让的是《战国策》中之"晋毕阳之孙豫让"，《吕氏春秋》《淮南子》等文献都对豫让之事有所记载，后世《资治通鉴》也专门有一段文字介绍，内容主要依据《刺客列传》，文字有所简化。刺客列传中共记载了5位刺客，豫让是其中之一，可见司马迁对其的重视。豫让曾经事智瑶，因智瑶以国士待之，遂引以为知己，三家灭智伯之后，豫让积极筹划两次刺杀赵襄子，虽然最终没有成功伏剑而死，但后世对豫让的忠义大为称赞。针对豫让忠义与否以及其形象的演变，后世学者多有讨论，最具代表性的看法是豫让的形象是由历史学家塑造的，② 但不可否认的是，作为历史上真实存在的人物，虽然不同文献叙事各有所侧重，但豫让自古便是忠义之士的代表形象是不容置疑的。③

春秋之时，各卿大夫家有养士，在晋国军政统一的体制背景下，卿大

---

① 〔西汉〕司马迁：《史记》卷八十六，中华书局，1982年，第2519—2521页。
② 李纪祥：《"豫让"叙事与"历史"塑成》，《读书》2003年第6期。
③ 李璐：《豫让形象演变研究》，曲阜师范大学硕士学位论文，2016年，第35页。

夫家蓄养的士与兵甲在某种程度上存在角色的重合，也即拥有了政治和军事的双重属性，提弥明之于赵盾、张孟谈之于赵无恤、豫让之于荀瑶即属此类，其职能正属于近卫扈从。

四、晋国近卫的发展与影响

上述章节主要从近卫职能角度介绍了晋国国君的公徒与卿族的私兵，他们在晋国君权与卿权的此消彼长中发展，我们可以在梳理晋国历史的过程中，窥探晋国近卫制度的发展。

（一）晋国近卫私兵的发展

讨论晋国的近卫制度，可先从晋国的政治发展史谈起，大致可以分为几个阶段。

曲沃代晋前，晋国政治斗争的主要矛盾是晋侯与曲沃系，两者进行了长达67年的血腥战争，从政治正统性方面来看，是代表大宗的翼都国家公甲与代表小宗的曲沃系私兵之间的斗争，最初，晋国大宗的实力要远胜于曲沃小宗。史籍所载平王东迁"晋郑焉依"，此时的晋国由晋国大宗晋文侯执掌，国家军事实力强劲，正如清华简《系年》所记：

> 晋文侯仇乃杀惠王于虢。周亡王九年，邦君诸侯焉始不朝于周，晋文侯乃逆平王于少鄂，立之于京师。[1]

---

[1] 清华大学出土文献研究与保护中心编，李学勤主编：《清华大学藏战国竹简》（贰），中西书局，2011年，第138页。

第四章　晋国近卫制度

晋文侯审时度势，杀惠王，迎接周平王于少鄂，相较于其他诸侯，在周平王东迁中占得政治先机，为后来晋国的发展奠定了坚实的政治基础。根据上述材料记载，晋文侯在两周之际的政治和军事活动显然以强大的军事实力作为支撑，此时晋国君权强大，相应的，晋国翼都公甲或者晋君的近卫力量也较为强大。

文侯之后，曲沃系作为小宗，多次攻进绛都并杀死晋侯。

1）曲沃庄伯以郑人、邢人伐翼，王使尹氏、武氏助之。翼侯奔随。①（《左传·隐公五年》）

2）惠之四十五年，曲沃庄伯伐翼，弑孝侯。翼人立其弟鄂侯。鄂侯生哀侯。哀侯侵陉庭之田。陉庭南鄙启曲沃伐翼。②（《左传·桓公二年》）

3）三年春，曲沃武公伐翼，次于陉庭，韩万御戎，梁弘为右，逐翼侯于汾隰，骖绊而止。夜获之，及栾共叔。③（《左传·桓公三年》）

4）冬，曲沃伯诱晋小子侯，杀之。④（《左传·桓公七年》）

曲沃小宗的不断进攻，没有强大的军事实力是无法做到的，除了早初阶段借助郑国军队、邢国军队的力量，在更多的时候，曲沃小宗所依靠的当是依附曲沃系的公族或者大夫，比如潘父、韩万、梁弘等人，御戎和车右更明言他们是曲沃小宗的军事扈从力量。相应的，在曲沃进攻翼都的时候被晋人屡屡击退，翼人同时接续拥立新的晋侯，这也可看作是晋国大宗的近卫扈从力量，总体来说，曲沃小宗的私兵力量强过翼都大宗。

晋献公之前，晋国的政治斗争可能主要在以公子为主的公族之间展开，骊姬之乱后，诅无畜群公子，自是晋无公族，重耳流亡途中，与其共

---

① 杨伯峻：《春秋左传注》，中华书局，2016年，第47—483页。
② 杨伯峻：《春秋左传注》，中华书局，2016年，第102—103页。
③ 杨伯峻：《春秋左传注》，中华书局，2016年，第105—106页。
④ 杨伯峻：《春秋左传注》，中华书局，2016年，第129页。

赳赳武夫　公侯干城——东周时期的近卫制度

患难的狐偃、赵衰、颠颉、魏犨等谋士随从大多为异姓,重耳成功返国即位之后,逐渐确立了异姓卿族轮流执政的模式,文公之后直至晋悼公,君权强大,卿族尚受君权控制,晋景公之时,几族灭赵氏。

晋厉公之时,曾发生灭三郤的政治事件,《左传·成公十七年》进行了详细的记载。

>厉公将作难,胥童曰:"必先三郤,族大多怨。去大族不逼,敌多怨有庸。"公曰:"然。"郤氏闻之,郤锜欲攻公,曰:"虽死,君必危。"郤至曰:"人所以立,信、知、勇也。信不叛君,知不害民,勇不作乱。失兹三者,其谁与我?死而多怨,将安用之?君实有臣而杀之,其谓君何?我之有罪,吾死后矣!若杀不辜,将失其民,欲安,得乎?待命而已!受君之禄,是以聚党。有党而争命,罪孰大焉!"①

晋厉公将诛灭三郤,郤锜竟欲攻公,说明此时郤氏之族是有能力对抗晋君的,从而可以推断,郤氏此时应具备一定规模的私兵,而郤氏之所以未与晋君展开正面冲突,应是顾忌当时君权仍旧强大,这是公甲与私兵的又一次较量。晋平公之时,爆发栾盈之乱,栾盈不仅率领曲沃栾氏的私兵攻进绛都,后更据曲沃抵抗,晋平公依靠荀氏、赵氏等卿族的帮助才扑灭叛乱,栾氏入绛,固然有晋侯疏于防范的因素,但晋君依靠卿族力量扑灭叛乱,已说明君权和卿族的实力在此消彼长,与此同时,双方近卫扈从力量也发生着同样的消长变化。

晋国确立三军制之后,晋君和卿族以及卿族之间的斗争进入白热化,《左传》可查的晋国政治斗争有六次。晋君对于卿族逐渐失去控制,甚至有卿族弑君的情况出现。鲁成公十七年至十八年就发生了厉公灭三郤之后被弑的情况。

---

① 杨伯峻:《春秋左传注》,中华书局,2016年,第987—988页。

胥童以甲劫栾书、中行偃于朝。矫曰："不杀二子，忧必及君。"公曰："一朝而尸三卿，余不忍益也。"

……

乃皆归。公使胥童为卿。

公游于匠丽氏，栾书、中行偃遂执公焉。召士匄，士匄辞。召韩厥，韩厥辞，曰："昔吾畜于赵氏，孟姬之谗，吾能违兵。"

……

十八年春，王正月庚申，晋栾书、中行偃使程滑弑厉公，葬之于翼东门之外，以车一乘。①

程滑弑杀晋厉公的具体经过史籍无载，晋厉公被栾氏、中行氏之近卫心腹所杀，说明他的近卫扈从力量可能已然为卿族所超越，且死后不按君礼葬，仅葬车一乘，加上郤锜欲与晋厉公公开对抗，均表明晋君权威之明显下降。

（二）近卫私兵与三家分晋

随着卿族实力的不断增强，其巩固和扩张势力的政治斗争也越发激烈，又造成土地和人口进一步向大卿族集中，从六卿、四卿再到韩赵魏三家，最终晋国名存实亡直至被灭，而这跟卿族的近卫力量的发展不能不说没有关系，当然，卿族的军事力量强弱与政治地位的高低是密不可分的，政治地位越高，相应私人军事实力就越强，最终反作用于政治斗争，反噬晋国君权。

晋国中后期，公室沦为卿族斗争的工具，卿族在斗争中据邑叛乱，时间跨度长，战争规模大，荼毒生灵，晋侯无力控制，"冬，十二月，晋人

---

① 杨伯峻：《春秋左传注》，中华书局，2016年，第988—992页。

败范、中行氏之师于潞"(《左传·定公十四年》),范氏、中行氏的军队被打败,晋国权力进一步向大的卿族集中,由智伯、韩、赵、魏四家而至三家灭智氏,卿族近卫私兵慢慢发展,最终发展成为可媲诸侯的常备军事力量,晋国即完全被瓜分。

第五章

楚国近卫制度

第五章 楚国近卫制度

一、楚国近卫组织概述

楚国的近卫组织，从文献所见，可以分为三类，即楚王、太子和王族的近卫。

（一）楚王近卫

楚王的活动有在军和在国两种，相应的，其近卫亦可分为战时和平时两类，在军的近卫可称为王卒，在国的近卫则称为环列之尹。

《左传·成公二年》曰：

> 卫人不行使于楚，而亦受盟于晋，从于伐齐。故楚令尹子重为阳桥之役以救齐。将起师，子重曰："君弱，群臣不如先大夫，师众而后可。《诗》曰：'济济多士，文王以宁。'夫文王犹用众，况吾侪乎？且先君庄王属之曰：'无德以及远方，莫如惠恤其民，而善用之。'"乃大户，已责，逮鳏，救乏，赦罪，悉师，王卒尽行。彭名御戎，蔡景公为左，许灵公为右。二君弱，皆强冠之。[1]

鲁成公二年（楚共王二年，前589），楚国的令尹子重欲为阳桥之役以救齐，他对当时形势的分析是"君弱，群臣不如先大夫"，为了确保战争胜利，唯有"师众而后可"，即希望尽量扩充军力。以此为目的，子重采取了一系列"惠恤其民"的措施，包括"大户、已责、逮鳏、救乏、赦罪"，

---

[1] 〔西晋〕杜预注，〔唐〕孔颖达等正义：《春秋左传正义》卷二十五，见〔清〕阮元：《十三经注疏》（清嘉庆刊本），中华书局，2009年，第4118页。

赳赳武夫　公侯干城——东周时期的近卫制度

即清理户口,免除人民对国家拖欠之债务,施舍至年老的鳏夫,救济生活有困难者,宽赦有罪者,意在扩充兵源,惠恤其民而用之。在此基础上"悉师"且"王卒尽行",由此看来,师与王卒是不同的军事力量。"悉师",杨伯峻以为是国家军士尽起[1],则此"师"指的应是楚国三军军士,不应包含楚王和贵族的族军。"王卒尽行",杨伯峻以为是楚王护卫军亦全部出动[2],可知王卒指的是楚王的近卫。

需要指出,我们并不能将参战之师简单地理解为只有楚军和楚王护卫,"悉师,王卒尽行",其实是用以强调楚国之师尽出,以至于连楚王的护卫也尽数起用。相似的情况还见于鲁文公十六年(楚庄王三年,前611),该年楚国面临着严重的存亡危机,史称:

> 楚大饥,戎伐其西南,至于阜山,师于大林。又伐其东南,至于阳丘,以侵訾枝。庸人帅群蛮以叛楚,麇人率百濮聚于选,将伐楚。于是申、息之北门不启。楚人谋徙于阪高。蒍贾曰:"不可。我能往,寇亦能往,不如伐庸。夫麇与百濮,谓我饥不能师,故伐我也。若我出师,必惧而归。百濮离居,将各走其邑,谁暇谋人?"乃出师。旬有五日,百濮乃罢。自庐以往,振廪同食。次于句澨。使庐戢黎侵庸,及庸方城。庸人逐之,囚子扬窗。三宿而逸,曰:"庸师众,群蛮聚焉,不如复大师,且起王卒,合而后进。"[3]

该年楚国大饥,戎人、庸人、麇人以及群蛮、百濮趁机侵伐,在此情况下,"楚人谋徙于阪高",希望通过迁都缓解困境。由于蒍贾的力谏,楚国放弃了迁都的打算,决定出师应敌。随着战局的变化,曾被庸人俘囚的子扬窗认为庸师众多,遂向统帅庐戢黎及众将帅建议,"复大师,且起王卒,

---

[1] 杨伯峻:《春秋左传注》,中华书局,2016年,第882页。
[2] 杨伯峻:《春秋左传注》,中华书局,2016年,第882页。
[3] 〔西晋〕杜预注,〔唐〕孔颖达等正义:《春秋左传正义》卷二十,见〔清〕阮元:《十三经注疏》(清嘉庆刊本),中华书局,2009年,第4035—4036页。

合而后进"。杜预及竹添光鸿均以为"复大师"是指"还复句澨师"①,杨伯峻不同意这种说法,认为复大师谓复起楚之大师,同时认为"且起王卒"意谓欲尽用楚众②。对比上引成公二年《左传》文,可知杨伯峻的看法更为合理,此处的"复大师""起王卒"正与"悉师""王卒进行"意同,则此王卒指的也是楚王在军中的护卫。

楚王平素在国,其舍止之处自然也少不了护卫。据文献可知,楚王在国的近卫应是环列之尹。"环列之尹"见于《左传·文公元年》,其文曰:

(楚)穆王立,以其为大子之室与潘崇,使为大师,且掌环列之尹。③

杜预指出:"环列之尹,宫卫之官,列兵而环王宫。"④ 杨伯峻引清人沈钦韩《春秋左传补注》,认为环列之尹若汉之卫尉⑤。《唐六典》,十二卫大将军统领宫廷警卫之法令,后人谓之环卫官。可知环列之尹即守护王宫的护卫之官,其所统辖之列兵,负责王宫尤其是楚王的安全事宜。潘崇原为太子商臣之师,在商臣弑成王即位后,改任太师。竹添光鸿《会笺》认为,襄公十六年,晋平公即位,羊舌肸为傅。依《晋语》,叔向为傅,及即位,命为君太傅也。潘崇自太子师跻为王太师,亦一例也⑥。据此,竹添氏以为大师是王太师,与太傅类似,其实,潘崇所任之太师,应是武职太师。《国语·楚语上》称,"昔庄王方弱,申公子仪父为师,王子燮为

---

① 〔日〕竹添光鸿:《左氏会笺》,巴蜀书社,2008年,第784页。
② 杨伯峻:《春秋左传注》,中华书局,2016年,第676页。
③ 杨伯峻:《春秋左传注》,中华书局,2016年,第563—564页。
④ 〔西晋〕杜预注,〔唐〕孔颖达等正义:《春秋左传正义》卷十八,见〔清〕阮元:《十三经注疏》(清嘉庆刊本),中华书局,2009年,第3988页。
⑤ 杨伯峻:《春秋左传注》,中华书局,2016年,第564页。
⑥ 〔日〕竹添光鸿:《左氏会笺》,巴蜀书社,2008年,第676页。

赳赳武夫　公侯干城——东周时期的近卫制度

傅，使师崇、子孔帅师以伐舒"①，楚庄王为楚穆王之子，庄王时的师崇即穆王时的太师潘崇，可见潘崇所任之太师应该是军事长官。环列之尹由与军事相关的太师职掌，可见其本身也带有一定的军事色彩。

关于王卒之构成，可就《左传·宣公十二年》文加以讨论，曰：

> 其（按：指楚）君之戎分为二广，广有一卒，卒偏之两。右广初驾，数及日中；左则受之，以至于昏。内官序当其夜，以待不虞，不可谓无备……楚子为乘广三十乘，分为左右。右广鸡鸣而驾，日中而说。左则受之，日入而说。许偃御右广，养由基为右。彭名御左广，屈荡为右。乙卯，王乘左广以逐赵旃……王见右广，将从之乘。屈荡尸之，曰："君以此始，亦必以终。"自是楚之乘广先左。②

杨伯峻认为，"其君之戎"谓楚王之亲兵戎车。楚王亲兵分为左右两部，每部皆名曰广③。关于"广"与"卒"的内涵，杜预和孔颖达引《司马法》及《周礼》之说④，不尽可信。而以杨伯峻引江永《群经补义》所说最为明白，其认为，广有一卒者，谓每部之车数有一卒耳。其数为偏之两，即两偏，故又云卒偏之两。据"楚子为乘广三十乘"，则一偏是十五乘，两偏是三十乘。楚以三十乘为一卒，以一卒为一广。此卒为战车之数，非指徒兵之数⑤。据此可知，楚王近卫之戎的层级结构是：广、卒、偏。其中，一偏有兵车十五乘；两偏为一卒，兵车三十乘；一卒即一广，两广共计六十乘。

---

① 徐元诰撰，王树民、沈长云点校：《国语集解》，中华书局，2002 年，第 490 页。
② 〔西晋〕杜预注，〔唐〕孔颖达等正义：《春秋左传正义》卷二十三，见〔清〕阮元：《十三经注疏》（清嘉庆刊本），中华书局，2009 年，第 4082—4085 页。
③ 杨伯峻：《春秋左传注》，中华书局，2016 年，第 799 页。
④ 〔西晋〕杜预注，〔唐〕孔颖达等正义：《春秋左传正义》卷二十三，见〔清〕阮元：《十三经注疏》（清嘉庆刊本），中华书局，2009 年，第 4082 页。
⑤ 杨伯峻：《春秋左传注》，中华书局，2016 年，第 799 页。

两广也即两卒，应当是楚王近卫的核心，故而又称王卒，构成王卒的人员应当来源于楚国的王族，即楚王的同族子弟。如《左传·成公十六年》记苗贲皇言于晋侯曰："楚之良，在其中军王族而已。请分良以击其左右，而三军萃于王卒，必大败之。"① 应当注意的是，此处的"王卒"指的是楚王所统帅而以王族为骨干的中军，与我们所说的近卫"王卒"不完全相同，只不过近卫"王卒"又为其骨干中之核心而已，同年《左传》文则称这种近卫"王卒"为"楚子之卒"。

综上所述，王在军之近卫由王族子弟担任，而以偏、广之法为其组织。至于环列之尹的结构及人员组成，由于文献不足，暂时不得其详。另外，除了王卒和环列之尹外，楚王所居之寝宫尚有"宫甲"，其职责为君在国则守宫门，护君左右，出征则趋以卒伍，详见后文。

（二）楚太子近卫

关于太子的近卫情况，文献也有反映。《左传·文公元年》曰：

> 冬十月，（楚太子商臣）以宫甲围成王。王请食熊蹯而死。弗听。丁未，王缢。②

此记穆王商臣弑成王即位一事。由引文可知，商臣据以发动政变的力量主要是"宫甲"。杜预称："太子宫甲，僖二十八年王以东宫卒从子玉，盖取此宫甲。"《左传·僖公二十八年》文称：

> 子玉使伯棼请战，曰："非敢必有功也，愿以间执谗慝之口。"王

---

① 杨伯峻：《春秋左传注》，中华书局，2016年，第968页。
② 〔西晋〕杜预注，〔唐〕孔颖达等正义：《春秋左传正义》卷十八，见〔清〕阮元：《十三经注疏》（清嘉庆刊本），中华书局，2009年，第3988页。

怒，少与之师，唯西广、东宫与若敖之六卒实从之。①

杜注"东宫"曰："太子有宫甲，分取以给之。"杨伯峻亦从杜预之说②。据杜注之意，此宫甲应是指值宿于太子宫的甲士，太子所居曰东宫，故其宫之甲士得称"宫甲"。

然而，以为"东宫"是太子所居，其宫之护卫称"宫甲"，看似有理，其实不然。结合相关文献，李世佳认为这种说法并不可信，即"东宫"所指应该并不是"太子宫"，而宜为与"路寝"相对应的诸侯众多"小寝"之一。"东宫"有宫甲，君在国则守宫门，护君左右；出征则趋以卒伍。据《左传·文公元年》"以其为大子室与潘崇"和《史记·楚世家》"以其太子宫与潘崇"的记载，穆太子商臣所居之"大子室"或"太子宫"并不称"东宫"，且与楚王的寝宫并不在同一个宫院内，其所据以篡位之"宫甲"应当是太子之私卒，即太子及太子宫的扈从武装，《韩非子·内储说下》"于是乃起宿营之甲而攻成王"可证③。由是，"宫甲"与"东宫"分别指太子之私卒和楚王小寝之宫甲，二者都是近卫亲军。

既已明了《左传·僖公二十八年》之"东宫"并非太子宫之甲士，可知城濮之战太子及其近卫并不曾参战，楚王派给令尹子玉的西广、东宫实皆其个人之近卫。

（三）楚世族近卫

除了楚王与太子的近卫，楚国王族或部分高级贵族似亦有近卫，可以试举一例，以窥其余。

前引《左传·僖公二十八年》记载，城濮之战随令尹子玉参战的兵士

---

① 〔西晋〕杜预注，〔唐〕孔颖达等正义：《春秋左传正义》卷十六，见〔清〕阮元：《十三经注疏》（清嘉庆刊本），中华书局，2009年，第3960页。
② 杨伯峻：《春秋左传注》，中华书局，2016年，第499、563页
③ 李世佳：《〈左传〉"东宫"补释》，《齐鲁学刊》2017年第3期。

有"西广、东宫与若敖之六卒"。关于"若敖之六卒",曾存在争议。杜预以为"六卒,子玉宗人之兵六百人",其中"六卒"为六百人之意,孔颖达及日本学者竹添光鸿皆引《司马法》或《周礼》为说①。前文已据杨伯峻之说指出,"卒为车法,非徒法",一卒为兵车三十乘,则此六卒当为兵车一百八十乘。

此"六卒"冠以若敖之名,杜注指出是"子玉宗人之兵",当属可信。杨伯峻也以为若敖之六卒,疑为若敖所初设之宗族亲军②,若据此说,则此"六卒"亲军的设置当在若敖之世。楚君之无谥号者,皆以"敖"称,并冠以所葬之地。此"若敖"是楚武王之祖,即曾为楚君而葬于若地者,实亦子玉之先祖。《史记·楚世家》:

> 熊咢九年,卒,子熊仪立,是为若敖。若敖二十年,周幽王为犬戎所弑,周东徙,秦襄公始列为诸侯。二十七年,若敖卒。③

据此,若敖熊仪任楚君的时间为公元前790年至前764年,其后代为"若敖氏",根据《左传》等文献,春秋时期若敖氏主要有斗、成二氏④。子玉所统帅的"若敖之六卒",即当为"若敖氏"之族所组成的亲军。

段志洪据《左传·僖公二十八年》记子玉请战,"楚王少与之师,唯西广、东宫与若敖之六卒实从之",认为子玉作为成氏大宗动用若敖氏之族兵得经楚王调拨,可见若敖氏主要族兵控制在楚王手中⑤。此说法或有待商榷,《国语·楚语上》提及城濮之战时称"是师也,唯子玉欲之,与王心违,故唯东宫与西广实来",由此条记载可以断定楚成王调拨给子玉

---

① 〔西晋〕杜预注,〔唐〕孔颖达等正义:《春秋左传正义》卷十六,见〔清〕阮元:《十三经注疏》(清嘉庆刊本),中华书局,2009年,第3960页;〔日〕竹添光鸿:《左氏会笺》,巴蜀书社,2008年,第600页。
② 杨伯峻:《春秋左传注》,中华书局,2016年,第499页。
③ 〔西汉〕司马迁:《史记》卷四十,中华书局,1982年,第1694页。
④ 李世佳:《〈左传〉"东宫"补释》,《齐鲁学刊》2017年第3期。
⑤ 段志洪:《周代卿大夫研究》,台湾文津出版社,1994年,第147页。

赳赳武夫　公侯干城——东周时期的近卫制度

的仅是西广、东宫，不包括"若敖之六卒"，此战子玉"以若敖六卒将中军"，当系随子玉而由其自行掌控，为中军之核心力量。且据《左传·宣公四年》所记若敖氏作乱之事，知若敖之卒势必由若敖氏后人所掌握①。

因此，"若敖六卒"作为宗族亲兵，战时即成为其统帅之近卫，即使以"私卒"称之，或许也不为过。如《左传·襄公二十五年》：

> 楚蒍子冯卒，屈建为令尹，屈荡为莫敖。舒鸠人卒叛楚，令尹子木伐之，及离城，吴人救之。子木遽以右师先，子强、息桓、子捷、子骈、子孟帅左师以退。吴人居其间七日。子强曰："久将垫隘，隘乃禽也，不如速战！请以其私卒诱之，简师，陈以待我。我克则进，奔则亦视之，乃可以免。不然，必为吴禽。"从之。②

"私卒"，杨伯峻注曰："私卒当是各将领之家兵，亦以参战。"③ 其说至确。可见除了王族之后若敖氏之外，楚国强大的氏族也当各有其私兵，《左传》记春秋时期列国内乱频发，作乱之人往往是大族首领，其所据者应当即以此种私兵为主。如有战争，则随其统帅出征，既担负护卫之责，也构成军队的骨干。

以上是关于楚国近卫的简述，根据文献，可知楚国近卫主要有三种，分别以楚王、太子和王族为核心，尤以楚王之近卫最为重要，在名目上至少有王卒、环列之尹和宫甲三种，如想弄清他们之间的关系，还有待更多材料。太子近卫主要是太子及其所居宫室的扈从，由于太子不常参与战争，故其在军事上的表现应不突出。至于王族及其他高级贵族的近卫，多以宗族亲兵充任，此类人员在战时往往作为其私卒投入战争。

---

① 李世佳：《〈左传〉"东宫"补释》，《齐鲁学刊》2017年第3期。
② 〔西晋〕杜预注，〔唐〕孔颖达等正义：《春秋左传正义》卷三十六，见〔清〕阮元：《十三经注疏》（清嘉庆刊本），中华书局，2009年，第4310页。
③ 杨伯峻：《春秋左传注》，中华书局，2016年，第1217页。

二、楚国近卫与内乱

东周时期列国间纷争不断,战乱频仍。与此同时,各诸侯国内部也不安定,时常有公族争权内乱和臣子弑君之祸。东周时期的楚国,更是内乱频发,如楚武王熊通就是弑侄得位,其他还有楚穆王末年太子商臣弑君之乱、楚共王死后的五子争位之乱、春秋晚期楚惠王时的白公胜之乱等。今主要以穆王商臣之乱和若敖氏之乱为例,对楚国近卫在内乱中的情况加以探讨。

(一) 商臣之乱

楚穆王商臣(公元前625—前614),是楚成王熊頵①(公元前671—前626)之子,楚庄王(公元前613—前591)熊旅②之父。穆王在位期间,楚国先后灭掉江国、六国和蓼国③,伐麇、围巢④,威服陈、郑、宋等国,使楚国疆域进一步拓展,在淮水流域的势力得到巩固。楚穆王九年(公元前617年),楚、陈、郑、宋等国会于厥貉,穆王在孟诸田猎,使宋昭公为右盂,郑穆公为左盂⑤,楚国在南土的威势尽数彰显,这无疑是楚穆王乃至楚国历史上的重要事件。

然而楚穆王继位并不顺利。《左传·文公元年》称:

---

① 頵,《史记·楚世家》作"恽"。见〔西汉〕司马迁:《史记》卷四十,中华书局,1982年,第1696页。
② 旅,《史记·楚世家》作"侣"。见〔西汉〕司马迁:《史记》卷四十,中华书局,1982年,第1699页。
③ 分别见《左传》文公四年、文公五年。
④ 分别见《左传》文公十一年、文公十二年。
⑤ 见《左传》文公十年。

赳赳武夫　公侯干城——东周时期的近卫制度

初，楚子将以商臣为大子，访诸令尹子上。子上曰："君之齿未也。而又多爱，黜乃乱也。楚国之举，恒在少者。且是人也，蜂目而豺声，忍人也，不可立也。"弗听。既，又欲立王子职，而黜大子商臣。商臣闻之而未察，告其师潘崇曰："若之何而察之？"潘崇曰："享江芈而勿敬也。"从之。江芈怒曰："呼，役夫！宜君王之欲杀女而立职也。"告潘崇曰："信矣。"潘崇曰："能事诸乎？"曰："不能。""能行乎？"曰："不能。""能行大事乎？"曰："能。"冬十月，以宫甲围成王。王请食熊蹯而死。弗听。丁未，王缢。谥之曰"灵"，不瞑；曰"成"，乃瞑。穆王立，以其为大子之室与潘崇，使为大师，且掌环列之尹。[①]

楚穆王继位的整个事件牵涉到几个重要人物。令尹子上，即斗勃，出于楚国著名的斗氏家族，斗氏则为若敖之后，属王族支脉。子上初任令尹的时间不详，据《左传》记载，当在楚成王四十年至四十五年之间[②]。由此看来，成王与子上关于是否立商臣为太子的对话就应当发生于这段时间之内。潘崇是太子之师，也是整个事件的核心人物之一。江芈为楚女嫁于江国者，杜预以为是成王之妹，或可信。

引文详细回顾了穆王商臣继位的曲折过程。楚成王起初想立商臣为太子，询问令尹的意见，子上提出反对，指出四条理由：一是成王年岁尚小，言下之意，是不必急于立太子；二是如果成王以后想改立太子，必定要废黜商臣，可能会造成祸乱；三是楚国立君以立少为常例；四是强调商臣是忍人，不可立。但是楚成王并没有听从子上的建议，仍然立了商臣做太子。这件事造成了子上与商臣之间的裂隙，楚成王四十五年，"晋阳处父侵蔡，楚子上救之"，因晋、楚两方皆无战意，子上接受了成大心的建

[①]〔西晋〕杜预注，〔唐〕孔颖达等正义：《春秋左传正义》卷十八，见〔清〕阮元：《十三经注疏》（清嘉庆刊本），中华书局，2009年，第3988页。
[②] 陈颖飞：《楚官制与世族探研》，中西书局，2016年，第209页。

议而退军。《左传·僖公三十三年》称：

> 大子商臣谮子上曰："受晋赂而辟之，楚之耻也，罪莫大焉。"王杀子上。①

杜预注曰："商臣怨子上止王立己，故谮之。"杨伯峻也以为，楚成王欲立商臣为太子，令尹子上尝阻之，商臣是以恶而谮之②。这些说法无疑是合理的。根据这段记载可知，在楚成王四十五年晋国侵楚之前，商臣应当已经被立为太子。商臣借机除去令尹子上，目的在于稳固自己的太子地位，因为楚国的令尹之职，权势地位仅次于楚王，子上若在，商臣的太子地位可能不稳。

子上死后，楚成王果然有了废太子改立之心。商臣与其师潘崇谋议，通过"享江芈而勿敬"的方式，确认了楚王废太子的决心，商臣遂在潘崇的谋划下决定发动政变夺取王位。在这次叛乱中，商臣"以宫甲围成王"，此外不见有其他兵力参与，可知宫甲是其所依据的主要力量。前文已经指出，"宫甲"指的是太子之私卒，即太子和太子宫的扈从武装。事成之后，商臣即位为楚穆王，潘崇因定策之功被任以太师之职，获赏丰富的财物，更为重要的是，他还同时司掌环列之尹。前文也已指出，环列之尹应即守护王宫的护卫之官，其所统辖之列兵，负责王宫尤其是楚王的安全事宜。商臣甫一即位就任命他最信任的潘崇掌管这支宫廷近卫，其中意涵耐人寻味。

我们知道，楚王的近卫既有环列之尹及其下辖的列兵，还有东宫之兵，甚至由王族组成的其他近卫，但是特别值得留意的是，在整个弑乱之祸中，除了太子一方的"宫甲"外，竟然不见楚王的近卫有任何行动，其间缘由，除了史料记载简略外，很可能这些近卫已经被商臣一方控制或收

---

① 〔西晋〕杜预注，〔唐〕孔颖达等正义：《春秋左传正义》卷十七，见〔清〕阮元：《十三经注疏》（清嘉庆刊本），中华书局，2009年，第3981页。
② 杨伯峻：《春秋左传注》，中华书局，2016年，第551页。

买。政变成功之后，穆王便立即撤换了原来的环列之尹，改任自己最信任的老师，既是为了保证自己的安全，更是为了牢牢掌握这支重要武力。

从这次宫廷政变可以看出，穆王之所以成功，关键在于既能掌控和利用自己的宫甲，同时又削减了成王近卫的力量。商臣在政变中主要依靠近卫的力量，政变后又第一时间对近卫进行整顿，由史料所反映的这些细节，我们可以推知，公元前627年的这次事件，近卫是其中的重要角色。

（二）若敖氏之乱

若敖氏是春秋时期楚国的一支重要世族，其先出自楚君若敖。楚武王熊通弑杀若敖之子自立，自此若敖之后无缘楚国王位。据《左传》记载，作为王族支脉的若敖氏，主要有两支，一是斗氏，一是成氏。

若敖氏在春秋前中期，一直是楚国军政的中流砥柱，前后出过九位令尹，分别是令尹斗祈、斗榖于菟（子文）、成得臣（子玉）、斗勃（子上）、成大心（大孙伯）、成嘉（子孔）、斗般（子扬）、斗椒（子越、子越椒）和斗成然（子旗）。在楚庄王九年因子越椒叛乱而导致若敖氏灭族之前，就有八位令尹。其中，斗祈是楚武王时期的令尹，曾随武王征伐随国。令尹子文"自毁其家，以纾楚国之难"，任令尹长达二十七年，使楚国大盛，为楚庄王称霸奠定了基础，同时也使若敖氏成了楚国最为显赫的世族，他不仅是若敖氏家族史上最重要的人物之一，同时也是楚国最为著名的令尹之一。子文死后，其子斗般，以及时代更后的族人斗成然都做过令尹。成得臣即是城濮之战中与晋国对战的楚方统帅，兵败而死，令尹成大心和成嘉可能都是他的二子。第四位斗勃，就是前述楚穆王商臣之乱前被潜杀的令尹子上。斗椒，就是史称"若敖氏之乱"的发动者。

从子文上任至若敖氏之乱，五十九年内，除子玉兵败自杀后令尹一度为蒍氏的蒍吕臣外，令尹皆为若敖氏。其中，除斗勃的父系无考外，子玉与其子成大心、成嘉，子文与其子斗般、侄斗椒，皆是二代三令尹。有学者认为，正因为若敖氏长期占据令尹一职，一族独大，才能杀司马蒍贾，进而击伐王室，出现了对楚国影响深远的若敖之乱①。

若敖之乱的发动者是斗椒，又称为子越、子越椒，《左传》对于重大历史事件或人物多有预言，关于斗椒也不例外，《左传·宣公四年》称：

> 初，楚司马子良生子越椒。子文曰："必杀之。是子也，熊虎之状而豺狼之声；弗杀，必灭若敖氏矣。谚曰：'狼子野心。'是乃狼也，其可畜乎？"子良不可。子文以为大戚。及将死，聚其族，曰："椒也知政，乃速行矣，无及于难。"且泣曰："鬼犹求食，若敖氏之鬼不其馁而！"②

据此知子越椒是司马子良的儿子，子良则为令尹子文之弟。记载中的这件事发生于斗椒初生之时，子文听声辨状，认为子越椒狼子野心，建议子良杀掉他，否则将会招致若敖氏灭族之祸。春秋时，根据人的相貌声音而对其命运进行预言的并不少见，除前文述及的令尹子上对穆王商臣的判断外，与子文说法更为近似的是晋国名臣叔向对其子的预言。《左传·昭公二十八年》称：

> 初，叔向欲娶于申公巫臣氏……叔向惧，不敢取。平公强使取之，生伯石。伯石始生，子容之母走谒诸姑，曰："长叔姒生男。"姑视之。及堂，闻其声而还，曰："是豺狼之声也。狼子野心。非是，莫丧羊舌氏矣。"遂弗视。③

叔向闻其子之声而断言其人狼子野心，必灭羊舌氏，后来的事实果然验证

---

① 陈颖飞：《楚官制与世族探研》，中西书局，2016 年，第 212 页。
② 〔西晋〕杜预注，〔唐〕孔颖达等正义：《春秋左传正义》卷二十一，见〔清〕阮元：《十三经注疏》（清嘉庆刊本），中华书局，2009 年，第 4069 页。
③ 〔西晋〕杜预注，〔唐〕孔颖达等正义：《春秋左传正义》卷五十二，见〔清〕阮元：《十三经注疏》（清嘉庆刊本），中华书局，2009 年，第 4599—4600 页。

赳赳武夫　公侯干城——东周时期的近卫制度

了他的预言。晋、楚这两个著名的家族，所遭遇的亡族之事如此相似，令人唏嘘。关于若敖之祸，除了子文的著名预言，鲁国名臣叔仲惠伯也有过类似说法。楚穆王八年，子越椒出使鲁国，史称：

> 冬，楚子越椒来聘，执币傲。叔仲惠伯曰："是必灭若敖氏之宗。傲其先君，神弗福也。"①

此事下距楚庄王九年的若敖氏之乱约有十四年，子越椒来鲁聘问，但在礼典中执币倨傲，鲁国大臣叔仲惠伯认为这是对楚国先王的不敬，必定不会受神的福保，若敖氏也必定因此人而亡族。据此传文，杜预曾正确地指出，这是在"为宣四年楚灭若敖氏张本"②。以上这些预言的真实性，固可怀疑，但无疑反映出楚国的若敖氏之乱可能酝酿日久，并且已引起当时人的广泛注意。

若敖氏之乱的详细经过，见于《左传·宣公四年》：

> 及令尹子文卒，斗般为令尹，子越为司马。蒍贾为工正，谮子扬而杀之，子越为令尹，己为司马。子越又恶之，乃以若敖氏之族，圉伯嬴于轑阳而杀之，遂处烝野，将攻王。王以三王之子为质焉，弗受。师于漳澨。秋七月戊戌，楚子与若敖氏战于皋浒。伯棼射王，汰辀，及鼓跗，著于丁宁。又射，汰辀，以贯笠毂。师惧，退。王使巡师曰："吾先君文王克息，获三矢焉。伯棼窃其二，尽于是矣。"鼓而进之，遂灭若敖氏。③

---

① 〔西晋〕杜预注，〔唐〕孔颖达等正义：《春秋左传正义》卷十九上，见〔清〕阮元：《十三经注疏》（清嘉庆刊本），中华书局，2009年，第4010页。
② 杨伯峻：《春秋左传注》，中华书局，2016年，第627页。
③ 〔西晋〕杜预注，〔唐〕孔颖达等正义：《春秋左传正义》卷二十一，见〔清〕阮元：《十三经注疏》（清嘉庆刊本），中华书局，2009年，第4059页。

第五章　楚国近卫制度

斗般字子扬，芳贾字伯嬴，伯棼则为子越之字，《左传》又作伯贲。子文死后，楚国的令尹之职经过数传，由斗氏一族的斗般接任。工正芳贾为子越谮斗般于楚王而杀之，子越升任令尹，而芳贾则升任司马，接着子越又杀了芳贾，并且想要攻杀楚王。但引文关于攻王的记载稍显突兀，并没有交代子越将攻楚王的原因。而《左传·宣公二年》的记载，或许可为我们提供一点信息：

秦师伐晋，以报崇也，遂围焦。夏，晋赵盾救焦，遂自阴地，及诸侯之师侵郑，以报大棘之役。楚斗椒救郑，曰："能欲诸侯，而恶其难乎？"遂次于郑，以待晋师。赵盾曰："彼宗竞于楚，殆将毙矣。姑益其疾。"乃去之。①

晋国的正卿赵盾认为若敖氏之宗族世为楚之强者，这与前文关于若敖氏屡任楚国令尹的观察是一致的，因此赵盾选择暂避锋芒而"姑益其疾"，以待其自毙。这一方面透露了若敖氏在楚国的强势地位，但另一方面也反映出，或许正是若敖氏的强势威胁到了楚国王权，才导致了后面若敖氏被族灭。②《史记·楚世家》云："（楚庄王）九年，相若敖氏。人或谗之王，恐诛，反攻王，王击灭若敖氏之族。"③《史记》对若敖氏之乱起于小人谗言的记载，无疑与此种王权、世族相对抗的背景有着密切关系。

斗椒与楚王战斗时所依仗的若敖氏，无疑就是囚杀芳贾时的若敖氏之族，他们并不是简单的族众，而应是前文所述的以族人为核心的私卒。若敖氏在楚国绵延数代，人口必多，而且屡居令尹之位，威势显赫。根据上

---

① 〔西晋〕杜预注，〔唐〕孔颖达等正义：《春秋左传正义》卷二十一，见〔清〕阮元：《十三经注疏》（清嘉庆刊本），中华书局，2009年，第4053页。

② 童书业先生在探讨"楚灭若敖氏"一事时认为，或谓春秋时楚国已行中央集权制，君权独盛，此说未为是。观若敖氏之乱，子越专杀大臣，以其族攻王，王以三王之子为质且弗受，意图篡弑矣，谓春秋时楚国贵族不专横，殊不合事实也。参见童书业：《春秋左传研究》，上海人民出版社，2019年，第61页。

③ 〔西汉〕司马迁：《史记》卷，中华书局，1982年，第1701页。

赳赳武夫　公侯干城——东周时期的近卫制度

引《左传·宣公四年》的记载，若敖氏之族能与楚王率领的楚师相抗，而且几乎取胜，可见若敖氏私卒的数量相当可观，而且战斗力十分强悍。在探讨楚国王族近卫时我们曾就"若敖氏六卒"做过分析，指出他们是若敖氏的宗族亲军，受其族首领之节制而不听命于楚王，"六卒"当为兵车一百八十乘。城濮之战时晋军有兵车七百乘，楚军相对较少，约在三百乘以上[①]，其中子玉以若敖氏六卒将中军，此六卒几乎占了楚国参战总军力的60％，若敖氏之实力由此可见一斑。但是在若敖氏之乱中，斗椒所率领的"若敖氏之族"应该更盛于"若敖氏六卒"，我们以为此六卒当为"若敖氏之族"的部分而非全体。在皋浒之战中，楚王有多少兵力不得而知，但数量想必不少于一百八十乘。

春秋时期，一百八十乘几乎相当于一个小诸侯国的军力。如春秋初年，郑庄公克共叔段仅用兵车二百乘。卫国在懿公亡国后，经过卫文公数十年的积聚，才恢复到兵车三百乘。楚国一个王族世家就有这么多的私卒兵力，难怪赵盾称若敖氏"彼宗竞于楚，殆将毙矣"。在若敖氏被灭之后，由于令尹子文曾于楚国有大功，故楚王保存了子文之孙，子扬之子克黄为箴尹，使斗氏得守其祀。

根据我们对穆王商臣之乱和楚王族支脉若敖氏之乱的探讨可知，不管是在宫闱政变，还是在家国内乱中，近卫都是一支不可忽视的重要力量。公族世家往往依靠其所掌管的近卫，影响楚国政局，甚至动摇国家稳定。而这无疑与春秋时期的历史特点息息相关，社会的剧烈变动，往往造成上下交迫，陵谷变迁。上层贵族培植势力发展近卫正是他们自我巩固的重要手段之一，依恃近卫更是题中应有之义，这一点在楚国得到鲜明的体现。

[①] 《左传》僖二十八年称"王怒，少与之（楚将子玉）师，唯西广、东宫，与若敖之六卒，实从之"，又僖公二十七年记载芮贾对子玉的预言称"过三百乘，其不能以入矣"，可知楚军参战军力当在三百乘以上而少于晋军。参见杨伯峻：《春秋左传注》，中华书局，2016年，第486、499页。

三、楚国近卫与对外作战

近卫除与楚国的重要政治事件发生关联外,也多参与战争。担任军事统帅的贵族,往往率领其近卫私卒一同奔赴战场,因此想要对楚国近卫有更深入的认识,必须对其与楚国战争的关系做一番探讨。春秋时期,楚国的对外战争多由令尹或其他贵族统兵,因此在前述的三类近卫中,太子近卫与战争的关系似较其他两类稍疏远,因此我们重点关注楚王近卫和世族近卫与战争的关系。

(一) 楚国近卫与军队

近卫作为一种武装组织,与军队有密切关系。如前文曾在讨论"环列之尹"时指出,环列之尹由与军事相关的太师职掌,可见其本身也带有一定的军事色彩。事实上,不唯环列之尹如此,世族近卫亦复如是。

根据《左传》的记载,楚国的军队编制有左、中、右三军,三军之中又以中军最为重要,其统帅多由楚王、令尹或其他贵族担任。因此,组成中军的军士,除了有从国人中征调的员额外,还同时包含着这些统帅们所私有的近卫。

如楚庄王三年戎人、庸人、麇人及群蛮、百濮侵楚,楚共王二年令尹子重欲为阳桥之役以求齐,为了尽量扩充兵力,均欲尽起"王卒",这些王卒无疑是以楚王近卫为核心组成的。又如楚共王十六年晋、楚战于鄢陵,两方统帅均由国君担任,战前苗贲皇为晋侯分析楚军形势,"楚之良,

赳赳武夫　公侯干城——东周时期的近卫制度

在其中军王族而已。请分良以击其左右，而三军萃于王卒，必大败之"①，足证楚王近卫应随侍楚王于中军，可想而知，他们在军队中的地位必不会低。

城濮之战，令尹子玉担任统帅，《左传》称楚王"少与之师，唯西广、东宫与若敖之六卒实从之"，又云"子玉以若敖六卒将中军"。根据前文的研究，可知西广为王卒的一部分，东宫也是楚王近卫的一种，也就是说，西广、东宫皆从楚王近卫中分出，他们本是楚王的私卒，而暂时调拨给令尹子玉以应战。不过，从子玉仅以若敖六卒将中军这一点来看，他们不是子玉中军的核心，甚至可能并不直接听子玉调遣，而是被编入楚国三军之中。因为《左传》在描述这场战役的结果时，明确说"楚师败绩。子玉收其卒而止，故不败"，子玉所收的无疑是作为其腹心的"若敖六卒"，而不包含西广与东宫，楚师败绩而子玉不败，可知西广、东宫被归入楚师之列无疑。体味"子玉以若敖六卒将中军"的说法，可以推测，子玉所率的六卒虽在中军，但并不隶属于后者，六卒与其他楚军不能等同。

这些事例显示，楚王或贵族担任军事统帅时，其私有近卫往往随侍于军中。不过他们虽在中军，但并不隶属于其中，正因如此，所以这些近卫才又被称作私卒，以显示他们仍然私属于其主人的性质。除了跟随主人参战外，近卫也可以被划拨给其他贵族并投入战争，如被楚王调拨给子玉的西广、东宫，但因这些近卫的特殊身份，不便转作新统帅的腹心，因此往往被分编于军队之中。故而，在这些参与战争的近卫身上，体现了两种不同的属性，即附从性和独立性，因此也就造成了他们与军队的复杂关系。

（二）楚国近卫与战争

在楚国进行对外战争时，往往能够见到近卫的身影。较有助于我们探

---

① 〔西晋〕杜预注，〔唐〕孔颖达等正义：《春秋左传正义》卷二十八，见〔清〕阮元：《十三经注疏》（清嘉庆刊本），中华书局，2009年，第4164页。

第五章 楚国近卫制度

讨近卫在战时组织及行动特点的有两场著名战役，一是晋楚城濮之战，一是晋楚邲之战。

城濮之战，前文已多次提到。齐桓公去世之后，诸国失去霸主，宋、齐、晋、楚等大国纷纷攘臂相争。但齐桓公死后齐国发生了五公子争立内乱，使得国势衰弱，宋国也在泓水之战中被楚国大败，导致元气大伤，因此霸主之争主要落在了晋楚之间。由于齐国接连侵伐鲁国西鄙、北鄙，东门襄仲、臧文仲如楚乞师并道之伐齐、宋。次年，楚国率诸侯再次围宋，宋国向晋国告急。晋国君臣抱着"取威、定霸"的目的，"蒐于被庐，作三军"，而后东出。楚成王四十年，晋、楚两军相遇于城濮，遂引发了这场著名的战役。

据史籍记载，城濮之战时晋、楚两方各有不少附属国[1]，但由《左传》可知，真正参与战斗的仍以两国军士为主。随着战局的变化，楚王战意渐息，极力想避免与晋军决战，但令尹子玉力主请战，因此楚军统帅由楚王换成了令尹子玉，这才有了前文已提及的"王怒，少与之师，唯西广、东宫与若敖之六卒实从之"之事。从编制数量上说，参战的西广、东宫的车兵员额应少于若敖之六卒。如前所言，六卒为兵车一百八十乘，而楚军总兵力略高于三百乘，可见西广、东宫总计不过一百二十乘左右。但我们也已指出，西广为楚王近卫二广之一，一广为一卒，即兵车三十乘，如此，则东宫当有九十乘兵力，不过东宫只是楚王小寝的护卫，是否有此重兵，我们持怀疑态度。比较合理的推测是，东宫之兵力大致与西广相当，二者各有兵车三十乘，其余六十乘当属子玉所率的其他楚军。因此，若分别观之，西广、东宫与若敖六卒的数量悬殊不可谓不大，可见若敖六卒确实是子玉在城濮之战中所依赖的主要力量，由此也更能看出楚"王怒，少与之

---

[1] 《春秋经·僖公二十八年》"夏四月己巳，晋侯、齐师、宋师、秦师及楚人战于城濮，楚师败绩"；清华简《系年》"令尹子玉遂率郑、卫、陈、蔡及群蛮夷之师以交文公，文公率秦、齐、宋及群戎之师以败楚师于城濮"。见杨伯峻：《春秋左传注》，中华书局，2016年，第490页。清华大学出土文献研究与保护中心编，李学勤主编：《清华大学藏战国竹简》（贰），中西书局，2011年，第153页，简43—44。

赳赳武夫　公侯干城——东周时期的近卫制度

师"的真实内涵。从这一点来看，子玉兵败城濮良有以也。

不过我们也不能就此认为，西广、东宫只是陪衬，事实上，作为楚王近卫的两广曾在晋、楚邲之战中发挥了重要作用。

楚庄王十七年，楚王帅军围郑三月有余，郑国被迫行成于楚。晋国出师救郑，以"荀林父将中军，先縠佐之。士会将上军，郤克佐之。赵朔将下军，栾书佐之。赵括、赵婴齐为中军大夫。巩朔、韩穿为上军大夫。荀首、赵同为下军大夫。韩厥为司马"①。其后，"楚子比师次于郔，沈尹将中军，子重将左，子反将右，将饮马于河而归"，而"晋师在敖、鄗之间"，两国之师遂相遇于邲②。《左传》关于此战的描述特别精彩，并且详细记录了战前两军统帅关于彼此军情的分析，以及各方不同将领欲战欲还的犹豫心态。其中晋国下军佐栾书（栾武子）在分析楚军情况时称：

> 先大夫子犯有言曰："师直为壮，曲为老。"我则不德，而徼怨于楚，我曲楚直，不可谓老。其君之戎分为二广，广有一卒，卒偏之两。右广初驾，数及日中；左则受之，以至于昏。内官序当其夜，以待不虞，不可谓无备。③

前已指出"其君之戎"指的是楚王的亲兵戎车。引文向我们展示了战时楚王近卫的轮值运作情况，楚王之亲兵分为左右两部，每部皆名曰广，一广有一卒之军力，即兵车三十乘。一日三班，白天由两广负责值守，每半日交接一次，夜晚则由内官接替，以待不虞。由此一点，已可反映出楚军整肃严明，故栾书谓之有备。

两军交战之时，楚王的左右两广也驰骋战场，成为楚军取胜的一大关

---

① 〔西晋〕杜预注，〔唐〕孔颖达等正义：《春秋左传正义》卷二十三，见〔清〕阮元：《十三经注疏》（清嘉庆刊本），中华书局，2009年，第4078页。
② 〔西晋〕杜预注，〔唐〕孔颖达等正义：《春秋左传正义》卷二十三，见〔清〕阮元：《十三经注疏》（清嘉庆刊本），中华书局，2009年，第4081—4082页。
③ 〔西晋〕杜预注，〔唐〕孔颖达等正义：《春秋左传正义》卷二十三，见〔清〕阮元：《十三经注疏》（清嘉庆刊本），中华书局，2009年，第4082—4083页。

第五章 楚国近卫制度

键。史称：

> 楚子为乘广三十乘，分为左右。右广鸡鸣而驾，日中而说。左则受之，日入而说。许偃御右广，养由基为右。彭名御左广，屈荡为右。乙卯，王乘左广以逐赵旃。①

由此可见，作为楚王近卫的左、右广兵车卒众，在非战斗状态时负责轮守护卫，一旦与敌军接战，便迅速转为战斗部队。而且两广各以一辆兵车为首，分别配有级别不低的车御和戎右，负责驾车和战斗。此战中，许偃御右广，养由基为右；彭名御左广，屈荡为右。其中养由基是楚国著名的神箭手，其余人物也都是楚国的贵族。楚王乘左广亲逐赵旃，说明即使在战斗中，楚王不离近卫，并且时时处于他们的保护之下，并以指挥近卫进攻的方式直接参战。

楚王亲逐赵旃，赵旃败走，由此引发了晋楚两军的直接对阵，并使战局向着楚国取胜的方向转化。史称：

> 赵旃弃车而走林，屈荡搏之，得其甲裳。晋人惧二子之怒楚师也，使軘车逆之。潘党望其尘，使骋而告曰："晋师至矣。"楚人亦惧王之入晋军也，遂出陈。孙叔曰："进之。宁我薄人，无人薄我。《诗》云：'元戎十乘，以先启行。'先人也。《军志》曰：'先人有夺人之心'。薄之也。"遂疾进师，车驰、卒奔，乘晋军。桓子不知所为，鼓于军中，曰："先济者有赏。"中军、下军争舟，舟中之指可掬也。②

---

① 〔西晋〕杜预注，〔唐〕孔颖达等正义：《春秋左传正义》卷二十三，见〔清〕阮元：《十三经注疏》（清嘉庆刊本），中华书局，2009年，第4084页。
② 〔西晋〕杜预注，〔唐〕孔颖达等正义：《春秋左传正义》卷二十三，见〔清〕阮元：《十三经注疏》（清嘉庆刊本），中华书局，2009年，第4084—4085页。

赳赳武夫　公侯干城——东周时期的近卫制度

由于晋国统帅离心，各自为战，此战晋军大败。在楚人的进攻之下，晋国中军与下军纷纷崩溃，争舟而逃，由于争夺过于激烈，导致晋军自相残杀，舟中之指可盈掬，场面十分惨烈。就在晋军败奔之际，楚王的近卫仍驰骋战场，史称：

> 晋师右移，上军未动。工尹齐将右拒卒以逐下军。楚子……使潘党率游阙四十乘，从唐侯以为左拒，以从上军。……王见右广，将从之乘。屈荡尸之，曰："君以此始，亦必以终。"自是楚之乘广先左。①

在楚王的指挥下，楚军分为左、右拒，分别追击晋国的上、下军，而楚王本人先是希望乘右广追逐敌军，不过右广的戎右屈荡认为战争开始时王乘左广参战，应有始有终，当继续乘左广结束战争。楚王应是听从了屈荡的建议，故楚国此后便以左广先右广。竹添光鸿以为，右广鸡鸣而驾，左广日中而受，说明了乘广先右；今以乘左得胜，因而先左，并且由日中而受改为鸡鸣而驾②。

由上述对晋、楚城濮之战和邲之战的讨论可以看出，在对外战争中，楚王或贵族的近卫往往作为军队的核心，发挥了重要的作用。但毫无疑问，无论在国还是在军，作为近卫，他们的首要职责是守护主人的安全，如有其他作用，也大多是从本职派生出来的。近卫的这种特点，是与春秋时期的政治历史形势、家族特点息息相关的。

---

① 〔西晋〕杜预注，〔唐〕孔颖达等正义：《春秋左传正义》卷二十三，见〔清〕阮元：《十三经注疏》（清嘉庆刊本），中华书局，2009年，第4085页。
② ［日］竹添光鸿：《左氏会笺》，巴蜀书社，2008年，第900页。

第六章

东周近卫军的教育与精神

第六章　东周近卫军的教育与精神

一、东周近卫军之教育

　　学校是教育的重要场所。东周时期，各国普遍设有学校。这一时期学校设置情况在传世文献之中多有涉及。不过，不同文献之间的记载并不完全一致。大致而言，各种资料一般认为国都和地方上有各等级的学校。同时，各级学校的学生，经过层层考核，优秀者得以升学、入仕[1]。

　　根据《周礼》等文献资料以及金文资料记载，具体掌管训育御射的官员中主要包括"师氏""保氏"。师本属于军官，上古时期学官以军官兼任，教习内容主要为军事项目，故而多以军官名号"师"称学官。根据《周礼》，师氏统领贵游子弟以及四夷隶仆，侍奉国君。这一点应当有其历史根据，根据西周静簋铭文，西周时期有专官统领小子、小臣以及夷仆；这里的小子，据马承源先生的解释，即贵族子弟学于学宫者。保氏负责教育国子包括御射在内的各项技能，见于师俞簋盖铭文记载[2]。《左传·襄公十三年》有"师保之教训"一语，可见两者职能接近。此外，《周礼》中的诸子、司右都与训育近卫有关。在金文中，有与之对应者[3]。《左传·成公十八年》也称："弁纠御戎，校正属焉，使训诸御知义。荀宾为右，司士属焉，使训勇力之士时使。"[4]

　　东周时期，国家与社会对于礼尤为重视。《论语·先进》列举四科，

---

　　[1]　关于这一时期学校的设置与学校选拔的记载很多，散见于《礼记·学记》《礼记·王制》《仪礼·乡射礼》《礼记·乡饮酒义》《汉书·食货志》等诸文献，学界对其年代与真伪争议颇多，在此不再一一叙述。
　　[2]　上海博物馆商周青铜器铭文选编写组：《商周青铜器铭文选》（三），第112、207页。
　　[3]　刘雨、张亚初：《西周金文官制研究》，中华书局，2004年，第129页。
　　[4]　〔西晋〕杜预注，〔唐〕孔颖达等正义：《春秋左传正义》卷二十八，见〔清〕阮元：《十三经注疏》（清嘉庆刊本），中华书局，2009年，第4175—4176页。

赳赳武夫　公侯干城——东周时期的近卫制度

以德行为首。礼包括具体的仪式以及维系社群的各种行为规范。《左传·昭公五年》记载了晋国有识之士评价鲁昭公徒知仪，而不能以礼治国的事情，认为所谓"自郊劳至于赠贿"的各个环节的礼仪为仪，这是外在的，属于皮毛。而礼真正关键在于能够经国定社，维系臣民。当时人也往往以是否守礼来评价戎御和戎右。戎御和戎右被要求遵守礼仪，哪怕是在战斗中对于敌方也应遵守。遵守这一原则为人赞许，反之为人抨击。这在前面已经举过例子了。而更为人看重的是坚守礼仪精神实质，正如《礼记·曲礼》所谓"君子恭、敬、撙、节、退、让以明礼"。《左传·文公二年》记载狼瞫为戎右，为主帅罢免，但是仍然不计恩怨。《左传·文公二年》评价其人"怒不作乱而以从师，可谓君子矣"。相反，《左传·宣公二年》记载宋国华元的戎御羊斟，因为私怨，驱战车投敌，致使主帅被俘，被当作无礼的典型。《左传·宣公二年》称其"非人也，以其私憾，败国殄民，于是刑孰大焉。《诗》所谓'人之无良'者，其羊斟之谓乎！残民以逞"①。在《左传》记录的车战中，不少时候，车战中的双方体现出君子礼让之风。这一点，与他们所受的训练密不可分。

"六艺"中的御、射两项，御即驾驶马车，射即射箭，这两项技能分别与东周时期近卫人员戎御与戎右的角色相对应，在当时贵族社会中是兼修的。在晋国，晋国国君的戎御和戎右分别负责训育诸御和右，见于《左传·成公十八年》。在卫国，《左传·襄公十四年》中有一位御射全能的公孙丁，他有弟子庾公差、再传弟子尹公佗。

在《诗经》里的《郑风》一章中，有前后相连的两首诗均表现了御者的高超技能，分别是《叔于田》和《大叔于田》。前一首诗，朱熹《诗集传》则将该诗视为"民间男女相悦之词"。后一首诗，余冠英先生在其《诗经选》中认为这是在写英俊青年驱车游猎的盛况。两首诗都盛赞御者优雅的风姿，《大叔于田》称御者"执辔如组，两骖如舞""两服上襄，两

---

① 〔西晋〕杜预注，〔唐〕孔颖达等正义：《春秋左传正义》卷二十一，见〔清〕阮元：《十三经注疏》（清嘉庆刊本），中华书局，2009年，第4052页。

第六章　东周近卫军的教育与精神

骖雁行""两服齐首，两骖如手"，即驷马进退有节，驾车姿容从容不迫。《叔于田》第三章不仅仅描写了御者的盛装，且道"叔适野，巷无服马。岂无服马？不如叔也，洵美且武"。其中的"服马"，并非在讲骑马，而是指在驾车。又称，"岂无服马？不如叔也，洵美且武"。关于这里的武，郑玄笺云，"武，有武节"，孔颖达正义曰，"文武者，人之伎能。今言美且武，悦其为武，则合武之要，故云有武节。言其不妄为武"，即君子深谙礼乐精髓，"不妄为武"，在从事田猎时也能够以礼约束自己[①]。这一点，正如《礼记·曲礼》中所言"礼，不逾节"，故能够驾驭驷马进止有度，仪态从容不迫。以上是一个方面，关于驭马还有更深的一个层面。即驭马需要顺应其天性，治民也要顺从民欲。这一点在《吕氏春秋》中表现得较为明显，比较明显的有以下故事：

> 东野稷以御见庄公，进退中绳，左右旋中规。庄公曰："善。"以为造父不过也，使之钩百而少及焉。颜阖入见。庄公曰："子遇东野稷乎？"对曰："然，臣遇之，其马必败。"庄公曰："将何败？"少顷，东野之马败而至。庄公召颜阖而问之曰："子何以知其败也？"颜阖对曰："夫进退中绳，左右旋中规，造父之御，无以过焉。乡臣遇之，犹求其马，臣是以知其败也。"

在作者看来，御者的失败在于其不能顺从马之天性。由此推演治国方略，"故礼烦则不庄，业烦则无功，令苛则不听，禁多则不行。桀、纣之禁，不可胜数，故民因而身为戮，极也，不能用威适"[②]。当因势利导，顺应民欲，不宜一味高压。后世《淮南子》中有"大丈夫恬然无思，澹然无

---

① 〔西汉〕毛公传，〔东汉〕郑玄笺，〔唐〕孔颖达等正义：《毛诗正义》卷四之二，见〔清〕阮元：《十三经注疏》（清嘉庆刊本），中华书局，2009年，第712—714页。

② 王利器：《吕氏春秋注疏》，巴蜀书社，2001年，第2365—2367页。

赳赳武夫　公侯干城——东周时期的近卫制度

虑；以天为盖，以地为舆；四时为马，阴阳为御；乘云凌霄，与造化者俱"①，则用御车这一形而下的事物来说明深奥的哲理，是一种极为抽象的隐喻。

"御射"中的"御"需要遵循什么礼节，文献没有系统论述，在前面讲到的"五御"里有一些涉及。而关于"御射"中的"射"，两周的传世文献中，有若干文章详细讲述射礼。在出土文物中，特别是金文资料，有相关内容的丰富资料。传世文献《仪礼》《礼记》中有《乡射礼》《大射仪》《射义》等几篇文字与射礼有关。仪式过程在文献中有详细记录的主要有乡射与大射两类。对于二者，郑玄分别解释为"州长春秋以礼会民，而射于州序之礼"以及"名曰大射者，诸侯将有祭祀之事，与其群臣射以观其礼。数中者，得与于祭；不数中者，不得与于祭"②。射礼核心在"三番射"上，所谓的"三番射"，类似于当代射箭比赛的三轮比赛。在仪式之前要进行准备活动，斋戒并准备器用。乡射在州"序"举行，事先由州长为主人，参与者有大夫和士；大射礼则在"大学"举行，主人为国君，参与的人员则是大小官员与士。当日，挑选优秀青年六人，两两一组，三组选手依次进行试射，这一轮比赛结果并不计入总成绩。这一轮结束，选手依次退场。紧接着是第二轮比赛，不仅仅是选手，主人和众宾也要参赛，选手们两两一组，左右站立，依次射击，完毕之后，由工作人员记录成绩。第三番比赛，在赛前准备后，选手们各就各位（在这轮比赛中，要有乐工奏乐），有效得分不但要射入靶子，射箭时还要符合音乐节奏。主人和众宾客以及工作人员依次上堂，负方吃罚酒。

东周时期，国家军力的精华——近卫，正是通过这一过程训练而成。同时，当时公卿大夫早年也莫不操习这项技艺。《礼记》中有《射义》一文，这篇文章讨论射礼的重要价值，并不仅仅局限于伦理范畴，而是着眼于这种仪式的社会作用。射礼对于参与者而言，有以下诸多方面的作用。

---

① 陈广忠：《淮南子》，中华书局，2012年，第8页。
② 〔东汉〕郑玄注，〔唐〕贾公彦疏：《仪礼注疏》卷十六，见〔清〕阮元：《十三经注疏》（清嘉庆刊本），中华书局，2009年，第2222页。

第一，是性别角色的定位。东周时期，与射礼有关的弓箭在男子出生时就起到了性别角色定位的作用。如《射义》所言：

> 故男子生，桑弧蓬矢六，以射天地四方。天地四方者，男子之所有事也。故必先有志于其所有事，然后敢用谷也，饭食之谓也。①

对于先秦时期的上层社会的男子而言，出生伊始，弓箭作为一个标志，明确了他们的角色：生理意义上的男性，更是将来的战士乃至统治者。这种强调，促进了他们对于自己性别角色的认同。可见，习射在时人的一生之中，第一个作用就是帮助人们性别角色认同。

第二，被社会吸纳。依据《礼记·内则》，男子"十有三年学乐，诵《诗》，舞《勺》，成童舞《象》，学御射"，进而"二十而冠"；女性"学女事"，且要"观于祭祀"。东周时期，行过冠礼之后，"以挚见于乡大夫、乡先生；以成人见也"（《礼记·冠义》）。相见时，需要的礼物就包括猎物（《礼记·曲礼下》）。起初相见以狩猎所得相赠，春秋后期逐步流行用家养禽畜作为赠物。挚见的意义在于确立长幼尊卑，表明为社会接纳。东周时期，祭祀之前需要通过射箭比赛来确定参与资格。这一点，即《射义》中的"天子将祭，必先习射于泽。泽者，所以择士也。已射于泽，而后射于射宫，射中者得与于祭，不中者不得与于祭"。因为祭品需要依靠田猎获得，《穀梁传·昭公八年》称："禽虽多，天子取三十焉，其余与士众，以习射于射宫"，范宁注曰"取三十以共干豆宾客之庖。射宫，泽宫"②。《礼记·王制》："天子诸侯无事，则岁三田，一为干豆，二为宾客，三为充君之庖。"郑玄注云："干豆，谓腊之以为祭祀豆实也。"③ 先秦时期

---

① 〔东汉〕郑玄注，〔唐〕孔颖达等正义：《礼记正义》卷六十二，见〔清〕阮元：《十三经注疏》（清嘉庆刊本），中华书局，2009年，第3667页。

② 〔东晋〕范宁注，〔唐〕杨士勋疏：《春秋穀梁传注疏》卷十七，见〔清〕阮元：《十三经注疏》（清嘉庆刊本），中华书局，2009年，第5288页。

③ 〔东汉〕郑玄注，〔唐〕孔颖达等正义：《礼记正义》卷十二，见〔清〕阮元：《十三经注疏》（清嘉庆刊本），中华书局，2009年，第2886页。

的祭祀,不仅仅是单纯的仪式,更是一种重要的公共活动。正所谓:

> 夫祭有昭穆。昭穆者,所以别父子、远近、长幼、亲疏之序而无乱也。是故有事于大庙,则群昭群穆咸在,而不失其伦,此之谓亲疏之杀也。①

通过参与祭祀活动,明确自身在宗法组织中的位置。徐中舒在讨论孔子思想渊源时,认为孔子出身于鲁国统治阶级中最低级的士,他所居的乡党是具有宗法组织的大家族的家族公社②。

东周时期,士生活在一个血缘关系占支配地位的社区中。想要生存,首先需要的是被这个血缘群体所接纳。参与射礼,表现合格,才有资格参与祭祀进而为社会组织接纳。当时的宗庙并非单纯的祖庙,而是一个重要的公共空间,它是宗族的礼堂。在族权与政权密切结合的时代,宗主兼具统治者的身份。宗庙活动借助于祖宗的权威,团结一族,凝聚人心,进而应对内外各种挑战。对于个人而言,在宗庙中完成成人仪式,按照昭穆次序参与宗族活动,无不体现出个体作为宗族中的一分子而存在。"国之大事,唯祀与戎",而祭祀活动,军事策划,分授武器,受赏册封,获罪受刑哪一件与宗庙无干?而春秋之世,宗庙倾荡则意味宗族灭亡。个体参与公共生活,以宗族为媒介,又以宗庙为依托。可见,习射之后,个体才可能获得参与宗族活动的资格,才能进一步为宗族接纳,才能得以自存。

第三,射礼的举办,使得社会成员对于自身角色的认同更加强化。社会角色包括所处位置和相应的一套行为规范。在先秦文献中对此亦有涉及,例如《射义》:

---

① 〔东汉〕郑玄注,〔唐〕孔颖达等正义:《礼记正义》卷十三,见〔清〕阮元:《十三经注疏》(清嘉庆刊本),中华书局,2009年,第3484页。

② 徐中舒著,徐亮工编:《川大史学·徐中舒卷》,四川大学出版社,2006年,第407—408页

为人父者以为父鹄,为人子者以为子鹄,为人君者以为君鹄,为人臣者以为臣鹄。①

通过仪式对于不同等级的强调,使得各个等级的贵族明确自己的角色。这样做,可以维系贵族社会内部的稳定。更为重要的一点是,参加者们对于维系社会的行为准则"礼"有一个切身的认识以及自觉的认同。孔子讲"君子无所争,必也射乎!揖让而升,下而饮,其争也君子"②。这里强调的是君子参与其中,使自己的行为符合礼的要求。射礼在崇尚勇力之外,更多的是强调礼乐教化。这一点,《射义》开宗明义讲到"故燕礼者,所以明君臣之义也。乡饮酒之礼者,所以明长幼之序也"③。燕射之礼,讲求君臣名分;乡饮酒礼,讲求长幼有序。首先,"射者,进退周还必中礼。内志正,外体直,然后持弓矢审固。持弓矢审固,然后可以言'中'"④。同时,"容体不比于礼,其节不比于乐,而中少者,不得与于祭"⑤。就外在而言,需要参与者仪容举止合乎规范。就内在而言,"射者,仁之道也。射求正诸己,己正而后发,发而不中则不怨胜己者,反求诸己而已矣"⑥。参与者能够自省,去除私心杂念。同时,射礼伴随着音乐,参与者们的活动受到他们所处等级以及年龄层次的制约。其中,长者、尊者的地位被凸显,幼者、低贱者在潜移默化之中接受了必须服从于他们的观念。通过射礼活动,每个人都对于社会规范——礼更为敬畏和认可。《曲礼》曰:"道

---

① 〔东汉〕郑玄注,〔唐〕孔颖达等正义:《礼记正义》卷六十二,见〔清〕阮元:《十三经注疏》(清嘉庆刊本),中华书局,2009年,第3665页。
② 〔东汉〕郑玄注,〔唐〕孔颖达等正义:《礼记正义》卷六十二,见〔清〕阮元:《十三经注疏》(清嘉庆刊本),中华书局,2009年,第5356页。
③ 〔东汉〕郑玄注,〔唐〕孔颖达等正义:《礼记正义》卷六十二,见〔清〕阮元:《十三经注疏》(清嘉庆刊本),中华书局,2009年,第3662页。
④ 〔东汉〕郑玄注,〔唐〕孔颖达等正义:《礼记正义》卷六十二,见〔清〕阮元:《十三经注疏》(清嘉庆刊本),中华书局,2009年,第3662页。
⑤ 〔东汉〕郑玄注,〔唐〕孔颖达等正义:《礼记正义》卷六十二,见〔清〕阮元:《十三经注疏》(清嘉庆刊本),中华书局,2009年,第3663页。
⑥ 〔东汉〕郑玄注,〔唐〕孔颖达等正义:《礼记正义》卷六十二,见〔清〕阮元:《十三经注疏》(清嘉庆刊本),中华书局,2009年,第3668页。

德仁义，非礼不成。教训正俗，非礼不备。分争辨讼，非礼不决。君臣、上下、父子、兄弟，非礼不定。宦学事师，非礼不亲。班朝治军，涖官行法，非礼威严不行。祷祠祭祀，供给鬼神，非礼不诚不庄。"① 强调正是因为这种作用礼才应该得到重视。射礼的举办，恰恰为这一说法提供了实践上的支持。

总之，东周时期贵族青年通过接受一系列教育（包括学校教育与社会教育），进而被选拔为近卫。教育不是简简单单地提供了某种技能，更重要的是给予贵族青年认同感。通过接受御射教育，参与种种仪式，青年们明确了自己作为男性以及战士甚至是统治者的权利和义务，同时在礼乐文化的潜移默化的熏陶之下，努力使得自己的行为合乎礼制。时人对于近卫的评价，也往往着眼于其行为是否合"礼"，而不仅仅是勇武。

二、东周近卫军之精神

东周数百年的近卫军发展历程，熔铸形成三种精神，即尚德精神、尚武精神和尚贤精神。这三种精神体现着近卫军的价值与荣誉、使命与责任、意志与能力，是促使先秦时期近卫军恪尽职守的思想武器和精神支柱。

（一）尽忠明礼的尚德精神

"德"发轫于西周初年，是当时贵族所尊奉的核心价值观之一。在西周时期，"德"起初被认为来自上天，是"天"所赋予人的性质或品质，

---

① 〔东汉〕郑玄注，〔唐〕孔颖达等正义：《礼记正义》卷一，见〔清〕阮元：《十三经注疏》（清嘉庆刊本），中华书局，2009年，第2663—2664页。

代表着"天"授命的眷顾与政治合法性。《诗经·大雅·皇矣》："皇矣上帝，临下有赫。监观四方，求民之莫……上帝耆之，憎其式廓。乃眷西顾，此维与宅……帝迁明德，串夷载路。天立厥配，受命既固……帝作邦作对，自大伯王季。"① 诗言"帝"代表"天"到西土观察、眷顾周人，并"迁明德"于太伯、王季。因此文王才以"德"接受克殷的"天命"，《尚书·康诰》："惟乃丕显考文王，克明德慎罚，不敢侮鳏寡，庸庸，祗祗，威威，显民……闻于上帝，帝休。天乃大命文王，殪戎殷，诞受厥命。"②《诗经·大雅·大明》："维此文王，小心翼翼。昭事上帝，聿怀多福。厥德不回，以受方国。天监在下，有命既集。"③ 文王之"德"以人心为载体，体现为人的善性良行，因此"德"很快从天命的象征转化为道德品行的指称。《诗经·大雅·皇矣》："维此王季（原作'王李'，径改），因心则友。则友其兄，则笃其庆，载锡之光……维此文王（原作'王季'，从马瑞辰说改），帝度其心。貊其德音，其德克明。克明克类，克长克君。"④ 郭沂认为，由于这种"纯美无玷缺"的"德"属于文王个人，又来自"天之命"，所以它一定是人性之德，是善性⑤。文王凭"德"受命的成功政治实践，驱动着周人的道德主体行为，进一步凝练形成"保民""慎罚""孝友"等诸种伦理行为的观念和原则，并指导和规范周人的日常行为。萧延中将周"德"具体总结为节俭和勤奋的品质、务实精神和谨慎作风、忧患意识和"保民"责任等⑥。刘源根据金文认为，西周贵族家族世代传承之

---

① 〔西汉〕毛公传，〔东汉〕郑玄笺，〔唐〕孔颖达等正义：《毛诗正义》卷十六，见〔清〕阮元：《十三经注疏》（清嘉庆刊本），中华书局，2009年，第1117—1119页。
② 〔西汉〕孔安国传，〔唐〕孔颖达等正义：《尚书正义》卷十四，见〔清〕阮元：《十三经注疏》（清嘉庆刊本），中华书局，2009年，第431页。
③ 〔西汉〕毛公传，〔东汉〕郑玄笺，〔唐〕孔颖达等正义：《毛诗正义》卷十六，见〔清〕阮元：《十三经注疏》（清嘉庆刊本），中华书局，2009年，第1091页。
④ 〔西汉〕毛公传，〔东汉〕郑玄笺，〔唐〕孔颖达等正义：《毛诗正义》卷十六，见〔清〕阮元：《十三经注疏》（清嘉庆刊本），中华书局，2009年，第1119—1120页。
⑤ 郭沂：《从西周德论系统看殷周之变》，《中国社会科学》2020年第12期。
⑥ 萧延中：《中国思维的根系：研究笔记》，中央编译出版社，2020年，第261页。

赳赳武夫　公侯干城——东周时期的近卫制度

"德",是立身行事的准则等思想与行为方面的品质,具体说来就是世为王官者的职守与权力①。"德"不仅是政治伦理行为的指导理念与规范,甚至贯彻于贵族生活中。幽公盨铭文:"心好德,婚媾亦惟协,天釐用考,神复用祓禄,永孚于宁。"(《铭图》5677)周人认为敬"德"能够通过促进婚姻、生育等具体事务的和谐,从而带来"天命"的长久安宁。"天命"符号与善性符号圆满契合于"德",不断强化自我标榜和自我激励的道德价值,从而使人的主观能动作用得以积极发挥。

春秋时期是一个政治社会开始剧烈变动的时期,人们的思想意识也随之发生改变。"礼乐征伐自诸侯出"的政治局势变化与灭国战争的频繁进行促使"天"的宗教权威发生动摇,人们逐渐认识到"天道远,人道迩"②,不再迷信于天命神权,而开始注重把握人的自身命运。在这种背景下,强调伦理行为结果的道德秩序成为人们安身立命的根本,更加彰显"德"的实践意义而为人所尊奉。《左传·僖公二十七年》:"德义,利之本也。"③ 在春秋时人的认知中,"德"符合上天的规律与原则,《左传·襄公二十二年》:"忠信笃敬,上下同之,天之道也。"④ 有"德"的君主受到鬼神护佑而长久,《左传·昭公二十年》:"若有德之君,外内不废,上下无怨,动无违事……是以鬼神用享,国受其福。"⑤ 不修德的君主则招致灭亡,《左传·昭公四年》:"而不修政德,亡于不暇,又何能济?君其许之。纣作淫虐,文王惠和,殷是以陨,周是以兴。"⑥

---

① 刘源:《商周祭祖礼研究》,商务印书馆,2004年,第288—289页。
② 〔西晋〕杜预注,〔唐〕孔颖达等正义:《春秋左传正义》卷四十八,见〔清〕阮元:《十三经注疏》(清嘉庆刊本),中华书局,2009年,第4529页。
③ 〔西晋〕杜预注,〔唐〕孔颖达等正义:《春秋左传正义》卷十六,见〔清〕阮元:《十三经注疏》(清嘉庆刊本),中华书局,2009年,第3956页。
④ 〔西晋〕杜预注,〔唐〕孔颖达等正义:《春秋左传正义》卷三十五,见〔清〕阮元:《十三经注疏》(清嘉庆刊本),中华书局,2009年,第4287页。
⑤ 〔西晋〕杜预注,〔唐〕孔颖达等正义:《春秋左传正义》卷四十九,见〔清〕阮元:《十三经注疏》(清嘉庆刊本),中华书局,2009年,第4545页。
⑥ 〔西晋〕杜预注,〔唐〕孔颖达等正义:《春秋左传正义》卷四十二,见〔清〕阮元:《十三经注疏》(清嘉庆刊本),中华书局,2009年,第4415页。

"德"落实于贵族的一言一行，而不可一日偏废。《国语·晋语》："公曰：'何谓德义？'对曰：'诸侯之为，日在君侧，以其善行，以其恶戒，可谓德义矣。'"[1] 据陈来统计，春秋时期的德目类别竟有十七种之多，自三德、四德直至九德、十二德[2]，名目众多的德目类别表明春秋时人对德行孜孜以求地探索、归类与总结，从而产生种种德目分类体系。因此，陈来认为，人对德行和社会关系认识的不断深入，这种认识也会使德行体系发生变化，这种变化的根本原因，乃是以德行的实践来解决政治问题[3]，从而在纷繁的时局变化中掌控贵族乃至诸侯国的发展命运。

在春秋时期众多德目中，"忠"是最为人所常提及的德行之一，在出现次数中仅次于"仁"。"忠"在当时是指一心一意为君主做事，保护君主的利益不受损害的品质和行为。《左传·僖公二十三年》："子之能仕，父教之忠，古之制也。"[4] 在当时人看来，贵族子弟出仕为君主服务，具备忠诚的品质是天经地义的政治要求。而近卫军保卫君主及其家室财产的政治使命与职责，决定其基本德行便是"忠"。近卫军的尚德精神，首要便体现在忠诚至上的观念与行动中。

第一，在思想上，近卫军将士从一开始便接受忠诚的教育，并始终牢记忠诚的理念。如前所述，近卫军将士有不少是贵族子弟，这些人在参加近卫军时，需要经历"策名委质"的程序，向君主宣誓忠诚。所谓"策名"，就是贵族子弟将自己的名字写在简策上，送给所效忠的君主。所谓"委质"，就是贵族子弟向君主屈身行礼，表示全心全意忠于君主的心意。《左传·僖公二十三年》："策名委质，贰乃辟也。"孔疏："古之仕者，于

---

[1] 徐元诰撰，王树民、沈长云点校：《国语集解》，中华书局，2002年，第415页。

[2] 陈来：《古代思想文化的世界：春秋时代的宗教、伦理与社会思想》，北京大学出版社，2017年，第355页。

[3] 陈来：《古代思想文化的世界：春秋时代的宗教、伦理与社会思想》，北京大学出版社，2017年，第384页。

[4] 〔西晋〕杜预注，〔唐〕孔颖达等正义：《春秋左传正义》卷十五，见〔清〕阮元：《十三经注疏》（清嘉庆刊本），中华书局，2009年，第3939页。

赳赳武夫　公侯干城——东周时期的近卫制度

所臣之人，书己名于策，以明系属之也。拜则屈膝而委身体于于地，以明敬奉之也。名系于彼所事之君，则不可以贰心。"① 通过"策名委质"的宣誓仪式，使贵族子弟确立忠诚至上的思想观念，从而与君主之间建构终身效忠的类契约关系，君主为贵族子弟提供官职、权力与食禄，而他们誓言保护君主的安全与利益，听从君主的命令，一旦怀有二心便被公认是卑劣的品行。这也就是所谓："利其禄，必救其患。"② 这种观念十分牢固，以至于时人践行之时有时甚至以至亲的生命作为保证和代价。晋文公重耳流亡到秦国，其侄晋怀公担心其回国夺位，于是命令大夫狐突召回跟随重耳的两个儿子狐毛、狐偃。狐突拒绝并回答："今臣之子名在重耳，有年数矣。若又召之，教之贰也。父教子贰，何以事君？刑之不滥，君之明也，臣之愿也。淫刑以逞，谁则无罪？臣闻命矣。"③ 狐突宁可被杀也不愿教其子背叛重耳，印证对忠诚的价值观的恪守高于至亲的生命，这也是全体贵族的价值共识。在这种集体认知的熏陶影响下，忠诚的信念被牢牢刻印在近卫军将士心中，并不因个人的好恶而改变。如晋国寺人勃鞮面对自己曾经追杀过的晋文公重耳的责难时，理直气壮地说："事君不贰是谓臣，好恶不易是谓君。君君臣臣，是谓明训……除君之所恶，唯力所及，何贰之有？"④ 可见无论君主为谁，近卫军将士始终将对君主的忠诚放在第一位。

第二，在行动上，近卫军将士无条件恪尽职守，全力护卫君主，必要时甚至献出个人生命。齐晋鞌之战，晋国大夫郤克的御者张侯说："自始合，而矢贯余手及肘，余折以御，左轮朱殷，岂敢言病。"郤克的戎右郑丘缓也说："自始合，苟有险，余必下推车。"这种奋不顾身，舍生忘死的

---

① 〔西晋〕杜预注，〔唐〕孔颖达等正义：《春秋左传正义》卷十五，见〔清〕阮元：《十三经注疏》（清嘉庆刊本），中华书局，2009 年，第 3939 页。
② 〔西晋〕杜预注，〔唐〕孔颖达等正义：《春秋左传正义》卷五十九，见〔清〕阮元：《十三经注疏》（清嘉庆刊本），中华书局，2009 年，第 4724 页。
③ 〔西晋〕杜预注，〔唐〕孔颖达等正义：《春秋左传正义》卷十五，见〔清〕阮元：《十三经注疏》（清嘉庆刊本），中华书局，2009 年，第 3939 页。
④ 徐元诰撰，王树民、沈长云点校：《国语集解》，中华书局，2002 年，第 347 页。

意志与毅力折射出近卫军将士忠于职守的精神，所谓"擐甲执兵，固即死也。病未及死，吾子勉之"①（张侯语）。鲁国阳虎专权时，季桓子命令御者林楚将自己带入孟氏宅中，以求联手诛灭阳虎时，明知这样会招来阳虎诛杀的风险，林楚仍然回答："不敢爱死，惧不免主。"②将个人生死置之度外，而将君主的生命看作高于一切。在《左传》中，有不少近卫军将士挺身而出，以身体乃至生命保护君主的例证。《左传·僖公二十二年》记宋楚泓之战，宋襄公"伤股，门官歼焉"③。《左传·襄公二十五年》："（齐庄）公逾墙，又射之，中股，反队，遂弑之。贾举、州绰、邴师、公孙敖、封具、铎父、襄伊、偻堙皆死。"杜注："八子皆齐勇力之臣，为公所嬖者，与公共死于崔子之宫。"④《左传·昭公二十年》记卫国大夫齐豹杀贵族公孟，其骖乘宗鲁尽管承认公孟"虽其不善，吾亦知之"，却依然在"齐氏用戈击公孟"时，"以背蔽之，断肱，以中公孟之肩，皆杀之"⑤。《左传·定公四年》记楚昭王"王寝，盗攻之，以戈击王。王孙由于以背受之，中肩"⑥。在东周之时对于死于职守的近卫军将士评价很高，孔子认为，"能执干戈以卫社稷，可无殇也"⑦，即将护卫君主而死的年幼子弟视为真正独立的成年人。而贪生怕死或擅离职守的近卫军将士则会受到贵族

---

① 〔西晋〕杜预注，〔唐〕孔颖达等正义：《春秋左传正义》卷二十五，见〔清〕阮元：《十三经注疏》（清嘉庆刊本），中华书局，2009年，第4112页。

② 〔西晋〕杜预注，〔唐〕孔颖达等正义：《春秋左传正义》卷五十五，见〔清〕阮元：《十三经注疏》（清嘉庆刊本），中华书局，2009年，第4654页。

③ 〔西晋〕杜预注，〔唐〕孔颖达等正义：《春秋左传正义》卷十五，见〔清〕阮元：《十三经注疏》（清嘉庆刊本），中华书局，2009年，第3937页。

④ 〔西晋〕杜预注，〔唐〕孔颖达等正义：《春秋左传正义》卷三十六，见〔清〕阮元：《十三经注疏》（清嘉庆刊本），中华书局，2009年，第4307页。

⑤ 〔西晋〕杜预注，〔唐〕孔颖达等正义：《春秋左传正义》卷四十九，见〔清〕阮元：《十三经注疏》（清嘉庆刊本），中华书局，2009年，第4542页。

⑥ 〔西晋〕杜预注，〔唐〕孔颖达等正义：《春秋左传正义》卷五十四，见〔清〕阮元：《十三经注疏》（清嘉庆刊本），中华书局，2009年，第4640页。

⑦ 〔西晋〕杜预注，〔唐〕孔颖达等正义：《春秋左传正义》卷五十八，见〔清〕阮元：《十三经注疏》（清嘉庆刊本），中华书局，2009年，第4704页。

赳赳武夫　公侯干城——东周时期的近卫制度

们的抨击甚至诛杀。宋国大夫华豹的御者干犨就说："不死伍乘，军之大刑也。"① 宋郑棘之战时，宋国主帅华元的御者羊斟因没有分到羊肉而故意将战车驾至郑军阵内，导致华元被俘，于是"君子"批评道："羊斟非人也，以其私憾，败国殄民。于是刑孰大焉。《诗》所谓'人之无良'者，其羊斟之谓乎，残民以逞。"② 所谓"君子"，应是当时的知识贵族，其看法代表了贵族群体的意见。而秦晋韩原之战时，由于晋惠公的御者庆郑没有及时救援，使晋惠公被秦军俘获。晋惠公获释回国后，令司马说在三军将士前公开数落庆郑的罪过，其中有一条便是"将止不面夷，死"③，庆郑自己也承认："陷君于败，败而不死，又使失刑，非人臣也。"④ 尽管庆郑当时还呼叫他人去救晋惠公，但是仍然难逃一死。可见近卫军将士行为评价及奖惩所具有的结果导向。这种来自贵族共同体的集体舆论和公开奖惩，确保近卫军将士忠于职守，随时捍卫君主的安全及利益。

第三，在作风上，近卫军将士不折不扣执行君主的命令，而将个人及其家族的利益置于其下。这实际上是春秋贵族服事君主的普遍原则。君主称为"公"，而贵族自己则是"私"，将君主的意志贯彻到底，哪怕个人和家族的名利地位受损也在所不惜，才可称得上"大公无私"。晋国赵盾命令上军佐臾骈将逃亡大夫贾季的家人礼送出境，而贾季曾经羞辱过臾骈，左右都劝臾骈趁机报复贾氏，而臾骈却回答："夫子礼于贾季，我以其宠报私怨，无乃不可乎。介人之宠，非勇也。损怨益仇，非知也。以私害公，非忠也。"于是"尽具其帑与其器用财贿，亲帅扞之，送致诸竟"⑤。

---

① 〔西晋〕杜预注，〔唐〕孔颖达等正义：《春秋左传正义》卷五十，见〔清〕阮元：《十三经注疏》（清嘉庆刊本），中华书局，2009年，第4558页。

② 〔西晋〕杜预注，〔唐〕孔颖达等正义：《春秋左传正义》卷二十一，见〔清〕阮元：《十三经注疏》（清嘉庆刊本），中华书局，2009年，第4052页。

③ 徐元诰撰，王树民、沈长云点校：《国语集解》，中华书局，2002年，第317页。

④ 〔西晋〕杜预注，〔唐〕孔颖达等正义：《春秋左传正义》卷十四，见〔清〕阮元：《十三经注疏》（清嘉庆刊本），中华书局，2009年，第3924页。

⑤ 〔西晋〕杜预注，〔唐〕孔颖达等正义：《春秋左传正义》卷十九上，见〔清〕阮元：《十三经注疏》（清嘉庆刊本），中华书局，2009年，第4005页。

而近卫军将士也受到这种贵族作风和责任感的熏染，如果没有完成君主的任务，他们不惜以死来报答君主。《左传·襄公十四年》："栾𫓧曰：'此役也，报栎之败也。役又无功，晋之耻也。吾有二位于戎路，敢不耻乎？'与士鞅驰秦师，死焉。"① 同样是栾𫓧，在晋楚鄢陵之战时担任晋厉公车右，当晋厉公的战车陷入泥沼，其父中军将栾书意图将厉公救出，栾𫓧说："书退，国有大任，焉得专之。且侵官，冒也；失官，慢也；离局，奸也。有三罪焉，不可犯也。"② 在君主面前栾𫓧直呼其父之名并训斥，表明近卫军将士将忠君置于亲情之上。关系与行为的转换使人往往将君主与近卫军视为一体，《左传·昭公十一年》记楚灵王诱使蔡灵公前往申地会见，"醉而执之。夏四月丁巳，杀之，刑其士七十人"③。蔡灵公随行的七十名士，应包括不少近卫军将士，他们与君主同时遭到诛杀。可见近卫军将士与君主构成了命运的共同体，这是因为他们不仅与君主关系紧密，而且尽职尽责执行君主命令，从而失去了个体的自主性，成为效忠君主、为君主利益赴汤蹈火的武装服事者。

在"忠"之外，近卫军将士尚德精神的另一个体现便是重视"礼"的德行培育与实践。如前所述，近卫军将士作为贵族子弟，接受的是六艺教育，礼及其关系密切的乐分别排在第一、第二位，可见"礼"是近卫军将士的知识及行为规范基础。这里的"礼"，不仅是礼节和礼仪，更重要的是礼义，即礼仪制度所体现的君臣名分、等级制度和政治社会诸种原则。《左传·昭公二十五年》有如下记载：

> 子大叔见赵简子，简子问揖让周旋之礼焉。对曰："是仪也，非礼也。"简子曰："敢问何谓礼？"对曰："吉也闻诸先大夫子产曰：

---

① 〔西晋〕杜预注，〔唐〕孔颖达等正义：《春秋左传正义》卷三十二，见〔清〕阮元：《十三经注疏》（清嘉庆刊本），中华书局，2009年，第4247页。
② 〔西晋〕杜预注，〔唐〕孔颖达等正义：《春秋左传正义》卷二十八，见〔清〕阮元：《十三经注疏》（清嘉庆刊本），中华书局，2009年，第4165页。
③ 〔西晋〕杜预注，〔唐〕孔颖达等正义：《春秋左传正义》卷四十五，见〔清〕阮元：《十三经注疏》（清嘉庆刊本），中华书局，2009年，第4473页。

赳赳武夫　公侯干城——东周时期的近卫制度

'夫礼，天之经也，地之义也，民之行也。'天地之经，而民实则之。则天之明，因地之性，生其六气，用其五行。气为五味，发为五色，章为五声，淫则昏乱，民失其性。是故为礼以奉之：为六畜、五牲、三牺，以奉五味；为九文、六采、五章，以奉五色；为九歌、八风、七音、六律，以奉五声；为君臣、上下，以则地义；为夫妇、外内，以经二物；为父子、兄弟、姑姊、甥舅、昏媾、姻亚，以象天明，为政事、庸力、行务，以从四时；为刑罚、威狱，使民畏忌，以类其震曜杀戮；为温慈、惠和，以效天之生殖长育。民有好、恶、喜、怒、哀、乐，生于六气。是故审则宜类，以制六志。哀有哭泣，乐有歌舞，喜有施舍，怒有战斗；喜生于好，怒生于恶。是故审行信令，行祸赏罚，以制死生。生，好物也；死，恶物也；好物，乐也；恶物，哀也。哀乐不失，乃能协于天地之性，是以长久。"简子曰："甚哉，礼之大也！"对曰："礼，上下之纪，天地之经纬也，民之所以生也，是以先王尚之。故人之能自曲直以赴礼者，谓之成人。大，不亦宜乎？"简子曰："鞅也请终身守此言也。"[①]

子大叔首先将"揖让周旋"之类的举动视作仪式而非"礼"，由此向赵简子阐释了"礼"的意义。在他看来，礼的内涵十分广阔，包括自然事物的归纳分类、政治等级的基本原则、社会关系的通行概念、社会活动的根本规律、法律机制的设置运行、国家治理的大政方针，乃至人的喜怒哀乐等多种情绪及其相应的具体行为等。要之，"礼"是国家赖以正常运转的政治秩序和社会关系的总和，事无巨细，无所不包，因此赵简子才会感慨"礼之大也"。子大叔的言论，代表了春秋贵族对于"礼"的基本认知，不局限于仪式而深入礼义的层面，可称为礼教、礼制或礼法。这是"德"的实践方式，因而是贵族社会所必须遵循的规范，所谓"礼乐，德之则

[①] 〔西晋〕杜预注，〔唐〕孔颖达等正义：《春秋左传正义》卷五十一，见〔清〕阮元：《十三经注疏》（清嘉庆刊本），中华书局，2009年，第4576—4580页。

也"。而近卫军将士所学习、认识到的"礼",则是礼制对其职守的要求。具体而言,就是在战场上奋勇杀敌。《左传·成公十六年》:

> 晋韩厥从郑伯,其御杜溷罗曰:"速从之!其御屡顾,不在马,可及也。"韩厥曰:"不可以再辱国君。"乃止。郤至从郑伯,其右茀翰胡曰:"谍辂之,余从之乘而俘以下。"郤至曰:"伤国君有刑。"亦止。①

时值晋楚鄢陵之战,晋军追逐楚国盟友的郑成公,近卫军将士先后两次力主俘虏郑君,但都为晋军主将所阻拦。近卫军将士的认知显然与他们受到的礼制教育有关。《左传·宣公二年》:"戎昭果毅以听之之谓礼,杀敌为果,致果为毅。易之,戮也。"孔疏:"兵戎之事,明此果毅以听之之谓礼,能杀敌人是名为果,言能果敢以除贼。致此果敢乃名为毅,言能强毅以立功……反易此道,则合刑戮也。"②上述材料反映了以戎昭为代表的近卫军将士一心杀敌,而没有考虑到贵族社会的整体等级关系与政治形势需求。这既是他们认知的局限,也符合礼制对于近卫军作为君主爪牙的职守要求。

作为贵族子弟,近卫军将士除践行礼制规定的职守外,还掌握基本的礼仪规范。近卫军将士跟随君主参与重要的政治典礼活动,接受礼仪熏陶,因而熟悉礼仪规范既是必备技能,也是必然结果。《左传·宣公二年》:"九月,晋侯饮赵盾酒,伏甲将攻之。其右提弥明知之,趋登曰:'臣侍君宴,过三爵,非礼也。'遂扶以下。"③提弥明以非礼为借口帮助赵盾脱难,却也反映了其通晓具体的宴饮礼仪,赵盾亦不因其戎右的身份而

---

① 〔西晋〕杜预注,〔唐〕孔颖达等正义:《春秋左传正义》卷二十八,见〔清〕阮元:《十三经注疏》(清嘉庆刊本),中华书局,2009年,第4166页。
② 〔西晋〕杜预注,〔唐〕孔颖达等正义:《春秋左传正义》卷二十一,见〔清〕阮元:《十三经注疏》(清嘉庆刊本),中华书局,2009年,第4051—4052页。
③ 〔西晋〕杜预注,〔唐〕孔颖达等正义:《春秋左传正义》卷二十一,见〔清〕阮元:《十三经注疏》(清嘉庆刊本),中华书局,2009年,第4053页。

赳赳武夫　公侯干城——东周时期的近卫制度

加以非难，可见近卫军将士知晓礼仪规范是贵族共同体中习以为常的社会现象。

（二）贵勇争先的尚武精神

武王灭商后，周人未曾停下战争的步伐，从西周早期的平定三监、东征商奄，到西周中期的昭王南征、穆王伐徐，再到西周晚期的抵抗猃狁、征伐南淮夷，对外扩张和抵御外敌的战争贯穿了整个西周历史，即使是号称"刑措四十年而不用"的成康时期，也有伐鬼方之战，以及康伯懋为首的"殷八师"四处征战。到了春秋时期，随着西周天下共主政治秩序的崩溃，战争的形态从对外征伐战争转向诸侯国间的兼并战争，并且变得更加频繁。

春秋时期的兼并战争造成无数小国纷纷灭亡，而齐、晋、秦、楚等国则发展壮大。如齐桓公"并国三十五"[1]，晋献公"并国十七，服国三十八"[2]，秦穆公"兼国十二"[3]，楚文王"兼国三十九"[4]。强国在兼并战争中获取资源与人口，形成"政由五伯"的中原政治格局。除此之外，郑、宋、鲁、卫等中等规模的诸侯国也在积极兼并附近的小国，至春秋晚期，西周时期的大小诸侯林立局面已不复存在，中原地区只剩下所谓的"十二诸侯"，这些诸侯的军事实力已随着兼并战争的进行不断增强。

第一，各诸侯军队的兵力显著增加。齐桓公当伯主时，齐国兵力约为千乘，而至春秋晚期，兵力扩张至三千乘。晋国兵力在晋楚城濮之战时为七百乘，此后一度扩充为六军，至春秋晚期总兵力达五千乘。楚国兵力在春秋初期虽不清楚，然而楚武王三次攻打随国均失败，可见当时楚军兵力并不占优势。而至春秋晚期，楚国总兵力已接近万乘。即使中等诸侯国如

---

[1]〔清〕王先谦：《荀子集解》，上海书店，1986年，第67页。
[2]〔清〕王先谦：《韩非子集解》，上海书店，1986年，第280页。
[3]〔清〕王先谦：《荀子集解》，上海书店，1986年，第50页。
[4]〔汉〕高诱：《吕氏春秋》，上海书店，1986年，第299页。

鲁、郑等国,在春秋时期兵力也有明显增长,已达到千乘之国的层次。《诗经·鲁颂·閟宫》颂扬鲁僖公"公车千乘,朱英绿縢,二矛重弓。公徒三万,贝胄朱綅"①,就是当时诸侯军队兵力扩充的生动写照。

第二,各诸侯国兵器制造业取得长足进步。春秋时期的青铜兵器已经完全成熟,工艺设计、技术水平、制造质量和生产数量都有显著发展。尤其是青铜兵器的冶铸技术在当时世界上达到先进水平,总结出一套关于铜、锡、铅含量的配比经验,并符合现代科学规律。在考古发掘中出土的吴王光剑、吴王夫差剑、越王勾践剑、越王者旨于赐剑等春秋时期的青铜剑,可称为当时青铜兵器的代表。与此同时,铁制兵器也开始出现,成为军事作战的利器。先进兵器成为军队战斗力的重要保障,受到当时贵族们的青睐,贵族即使是死后也需要大量兵器的护卫和陪伴。考古发掘表明,在春秋各国贵族墓葬中,兵器在随葬器物中占据较高的比例。如河南淅川下寺楚墓区五座大墓共出土兵器129件;山西太原金胜晋国赵卿墓共随葬武器500余件,约占随葬器物总数的三分之一。为数众多的兵器展现了诸侯国强大的军事实力。

第三,各诸侯国不断改革军赋制度。军赋制度是军队战斗力的根基和来源,《孙子兵法》:"凡用兵之法,驰车千驷,革车千乘,带甲十万,千里馈粮,则内外之费,宾客之用,胶漆制材,车甲之养,日费千金,然后十万之师举矣。"② 兵力众多的军队是一套复杂运作的系统,其军事装备、军需后勤等物资需求考验着各诸侯国的经济实力与后勤组织能力。因此各国纷纷改革军赋制度,以支撑本国的战争行动。齐桓公实行"相地而衰征",根据土地数量与质量率先征收相应的军需费用。此后晋国"作州兵",鲁国"作丘甲",郑国"作丘赋",秦国"初为赋",楚国以井田为单位征收军赋,都是将军赋征收范围扩大至土地上的全体居民中,根据军事需求征收车马兵甲等军需物资。在当时日渐盛行的私田开垦利用的背景

---

① 〔西汉〕毛公传,〔东汉〕郑玄笺,〔唐〕孔颖达等正义:《毛诗正义》卷二十之二,见〔清〕阮元:《十三经注疏》(清嘉庆刊本),中华书局,2009年,第1330页。
② 〔东汉〕曹操等:《孙子十家注》,上海书店,1986年,第22—23页。

赳赳武夫　公侯干城——东周时期的近卫制度

下，军赋制度的改革有助于将扩充的生产力转换为军事实力，为兼并战争的持续进行提供牢固的经济基础。

兼并战争的频繁进行，诸侯军事实力的不断扩张，培育了春秋时期浓厚的尚武风气。作为保护君主安全的精锐部队，近卫军是军队战斗力的风向标。因此尚武精神在近卫军将士的身上得到充分体现。他们崇尚勇武，战斗时以当先冲锋为荣，也就是所谓"致师"。《左传·宣公十二年》记载，晋楚邲之战时，"楚许伯御乐伯，摄叔为右，以致晋师。许伯曰：'吾闻致师者，御靡旌摩垒而还。'乐伯曰：'吾闻致师者，左射以菆，代御执辔，御下两马，掉鞅而还。'摄叔曰：'吾闻致师者，右入垒折馘，执俘而还。'皆行其所闻而复"[1]。在战争中致师的行为有助于先声夺人，增强己方士气与信心，因此近卫军的尚武精神就格外重要，孙叔敖说："宁我薄人，无人薄我。《诗》云：'元戎十乘，以先启行。'先人也。《军志》曰：'先人有夺人之心'，薄之也。"[2] 春秋时期各国君主大力培养和鼓励近卫军将士的尚武精神，《吕氏春秋·贵直》："（晋）文公即位二年，厎之以勇，故三年而士尽果敢。"[3] 君主将勇武的表现列入近卫军将士的选拔要求，吸引勇力者为自己效劳。《吕氏春秋·贵信》："不智不勇不信，有此三者，不可以立功名。"[4]《国语·晋语》："赵简子曰：'鲁孟献子有斗臣五人，我无一，何也？'叔向曰：'子不欲也。若欲之，胖也待交捽可也。'"[5]《周礼·夏官·司右》："凡国之勇力之士能用五兵者属焉，掌其政令。"[6] 在统治者的鼓励和导引下，近卫军将士以勇武好斗为荣誉，热衷于比试和竞

---

[1] 〔西晋〕杜预注，〔唐〕孔颖达等正义：《春秋左传正义》卷二十三，见〔清〕阮元：《十三经注疏》（清嘉庆刊本），中华书局，2009年，第4083页。
[2] 〔西晋〕杜预注，〔唐〕孔颖达等正义：《春秋左传正义》卷二十三，见〔清〕阮元：《十三经注疏》（清嘉庆刊本），中华书局，2009年，第4084—4085页。
[3] 〔汉〕高诱：《吕氏春秋》，上海书店，1992年，第298页。
[4] 〔汉〕高诱：《吕氏春秋》，上海书店，1992年，第251页。
[5] 徐元诰撰，王树民、沈长云点校：《国语集解》，中华书局，2002年，第446页。
[6] 〔东汉〕郑玄注，〔唐〕贾公彦疏：《周礼注疏》卷三十一，见〔清〕阮元：《十三经注疏》（清嘉庆刊本），中华书局，2009年，第1837页。

赛。晋将州绰本为栾氏家臣，栾氏被逐，州绰于是投奔齐庄公，成为庄公的侍卫嬖臣。鲁襄公二十一年，齐庄公为勇士设爵位，州绰尽管自知"为隶新"，却敢于争夺勇爵，具有当仁不让的荣誉感。有的近卫军将士甚至不惜以死证明自己的勇武价值。《左传·文公二年》记载晋襄公右者狼瞫被黜免后说："吾以勇求右，无勇而黜，亦其所也。谓上不我知，黜而宜，乃知我矣。"于是秦晋彭衙之战时，"既陈，以其属驰秦师，死焉。晋师从之，大败秦师"①。狼瞫以无勇为耻，甘愿为国牺牲以洗刷耻辱，充分体现了贵勇争先的尚武精神。

（三）择优选拔的尚贤精神

尚贤是指在组织成员的选拔或任用中以候选者贤能与否作为主要根据。尚贤的做法萌生于西周时期，是对当时通行的世官制度的补充。所谓世官制，又名世卿世禄制，是指经过权威者的确认，服事者的官职不仅可以终生担任，而且可以经由父传子或祖传孙的途径将此官职传于后代。它与宗法制结合在一起，宗子承袭固定的职位，代表宗族服事于外。地位较低的宗族成员则世代为大宗臣属，协助处理事务。有研究认为，西周官员的属吏主要为同族兄弟充任。这表明宗族内部的宗法关系也被严格地政治化了。

土地是宗族的经济基础，但它并非依附于宗族，而是依附于官职。官职如若稳定不变，世代承袭，土地亦随之世代承袭，成为世邑。《礼记·礼运》："故天子有田以处其子孙，诸侯有国以处其子孙，大夫有采以处其子孙。"②朱凤瀚据土田诉讼由王朝要臣裁决这一事实，认为世族财产受王朝法权保护，继而认为，只要宗族族长能守住世袭的官职，其家族土田民

---

① 〔西晋〕杜预注，〔唐〕孔颖达等正义：《春秋左传正义》卷十八，见〔清〕阮元：《十三经注疏》（清嘉庆刊本），中华书局，2009年，第3991页。
② 〔东汉〕郑玄注，〔唐〕孔颖达等正义：《礼记正义》卷二十一，见〔清〕阮元：《十三经注疏》（清嘉庆刊本），中华书局，2009年，第3070—3071页。

赳赳武夫　公侯干城——东周时期的近卫制度

人即不会被无故剥夺①。因此，在世官制度下，土地世袭传承，其数量和位置均无变化。世官制是西周时期官员的基本任命制度，在西周金文材料中反映世官制度的就有20余条。

目前最早的世官制记载见于康王时的大盂鼎铭文："令汝盂型乃嗣祖南公……锡乃祖南公旗。"（《集成》2837）盂所属的南宫家族，从政历史可追溯至周文王时。直到春秋战国之际，世官制仍然存在着。《孟子·梁惠王下》："所谓故国者，非谓有乔木之谓也，有世臣之谓也。"朱熹集注曰："世臣，累世勋旧之臣，与国同休戚者也。"②在西周中期以前，除了宰执等执政要位，其余官职的任命均采用世官制度。不仅现有金文材料中找不到西周中期以前在一般官职上进行选官活动的记录，甚至宰执的官位也是相世承袭的，如西周早期令彝铭文中的明保，即由周公之子继承了周公的职务。因此，在长期的历史进程中，土地、宗族与官职结合为一体，继而形成中央王朝内的各宗族对于权力的有序分配和持续稳定的政治架构。

而至西周晚期，由于需要处理的事务日渐增多，促使官职的分工和数量渐趋专业精细而扩大规模。据张亚初和刘雨的统计，西周早期有五十种职官专称和十一种职官泛称。到西周中期，职官专称发展到七十九种，职官泛称增加到十三种。西周晚期与西周早期相比，职官名增加了近一倍③。官职数量的增多，带来新人选的需求。自西周中期开始，选官行为从宰执之位扩大至一般官员，不少官员都经历平调转任不同职事甚至升迁黜免的过程。如秦人起初担任周孝王的马政官，而到了周宣王时期，秦庄公却成为拥兵七千的西陲大夫。终西周一世，选官行为的扩大化虽然是应付职官需求增加的补充性措施，并没有颠覆原有世官制度，但是却打破世官制度的平衡，为尚贤政策提供了可能。西周金文中屡称的"蔑历"，表明当时统治者任命官员开始强调其过往成绩，显然已经出现了尚贤意识。

---

① 朱凤瀚：《商周家族形态研究》，天津古籍出版社，2004年，第373页。
② 〔宋〕朱熹：《四书章句集注》，中华书局，1983年，第220页。
③ 张亚初、刘雨：《西周金文官制研究》，中华书局，1986年，第148页。

第六章　东周近卫军的教育与精神

东周时期，传统的政治秩序开始崩溃。在兼并灭国、战乱不断的时代背景下，各诸侯国或求自保，或争夺霸权，都纷纷开始招揽、吸引、任用人才，实行选贤举能的措施。同时随着政治斗争的加剧和失意贵族的逃亡，不少掌握知识的下层贵族"士"也开始游走各国之间，他们为尚贤政策提供了源源不断的人才储备。齐桓公不顾旧怨任用管仲，赵衰谦让向晋文公推荐郤縠，都是人们耳熟能详的尚贤故事。而齐、晋霸业的成功实践，更引起诸侯们广泛效仿，由此促使原有的世官制度逐步被尚贤制度取代。《左传·襄公十一年》记晋悼公言："夫赏，国之典也，藏在盟府，不可废也。"[1] 可见对人才的奖励已经成为国家勋典制度。到春秋晚期，影响力最大的儒、墨两家，都积极鼓吹尚贤观。如孔子曾言："举直错诸枉，则民服；举枉错诸直，则民不服。"[2] 他要求"近不失亲，远不失举"[3]，还批评臧文仲"窃位"，因其"知柳下惠之贤而不与立也"[4]。而墨子明确提出"尚贤"思想。他指出，世官制使"民无饥而不得食，寒而不得衣，劳而不得息，乱而不得治者"[5]，所以必须"选择天下贤良圣智辩慧之人，立以为天子"，"选择天下赞阅贤良圣知辩慧之人，置以为三公"[6]，甚至可以不论出身，唯才是用，"虽在农与工肆之人，有能则举之，高予之爵，重予之禄"[7]。儒墨的看法表明尚贤精神已成为春秋时期的主流观念。

---

[1]〔西晋〕杜预注，〔唐〕孔颖达等正义：《春秋左传正义》卷三十一，见〔清〕阮元：《十三经注疏》（清嘉庆刊本），中华书局，2009年，第4235—4236页。

[2]〔三国·魏〕何晏等注，〔宋〕邢昺疏：《论语注疏》卷二，见〔清〕阮元：《十三经注疏》（清嘉庆刊本），中华书局，2009年，第5348页。

[3]〔西晋〕杜预注，〔唐〕孔颖达等正义：《春秋左传正义》卷五十二，见〔清〕阮元：《十三经注疏》（清嘉庆刊本），中华书局，2009年，第4602页。

[4]〔三国·魏〕何晏等注，〔宋〕邢昺疏：《论语注疏》卷十五，见〔清〕阮元：《十三经注疏》（清嘉庆刊本），中华书局，2009年，第5469页。

[5]〔清〕孙诒让撰，孙启治点校：《墨子间诂》卷二，中华书局，2001年，第59—60页。

[6]〔清〕孙诒让撰，孙启治点校：《墨子间诂》卷三，中华书局，2001年，第77—78页。

[7]〔清〕孙诒让撰，孙启治点校：《墨子间诂》卷二，中华书局，2001年，第46页。

赳赳武夫 公侯干城——东周时期的近卫制度

春秋时期的近卫军同样秉承尚贤精神,以激发将士们建功立业的斗志和勇气。《左传·哀公二年》记赵简子在铁之战前誓师:"克敌者,上大夫受县,下大夫受郡,士田十万,庶人工商遂,人臣隶圉免。"① 赵简子依据军功大小,给予包括近卫军在内的全体将士以相应的奖赏,充分体现尚贤使能的精神。而近卫军将士的选拔也以贤能为根据,合理使用人才。《国语·晋语》:"知栾纠之能御以和于政也,使为戎御。知荀宾之有力而不暴也,使为戎右。"② 在这种尚贤精神的激励氛围中,近卫军将士也积极夸耀自己功劳,以树立威望,徼求奖赏。《国语·晋语》:"铁之战,赵简子曰:'郑人击我,吾伏弢呕血,鼓音不衰。今日之事,莫我若也。'卫庄公为右,曰:'吾九上九下,击人尽殪。今日之事,莫我加也。'邮无正御,曰:'吾两靷将绝,吾能止之。今日之事,我上之次也。'驾而乘材,两靷皆绝。"③ 将士们充分展现自己卓越的技能,反映当时尚贤求贤的价值导向。

君主以选贤任能的理念选拔近卫军将士,而贤能的要求则对将领和士兵有所不同。具体而言,对近卫军士兵的选拔要求勇力即可。《左传·文公二年》:"晋襄公缚秦囚,使莱驹以戈斩之。囚呼,莱驹失戈,狼瞫取戈以斩囚,禽之以从公乘,遂以为右。"④《国语·晋语》:"少室周为赵简子右,闻牛谈有力,请与之戏,弗胜,致右焉。简子许之,使少室周为宰,曰:'知贤而让,可以训矣。'"⑤ 一场比武即可决定右者的人选,表明近卫军士兵作为爪牙,只需要勇力的素质。而近卫军将领的选拔要求则较为

---

① 〔西晋〕杜预注,〔唐〕孔颖达等正义:《春秋左传正义》卷五十七,见〔清〕阮元:《十三经注疏》(清嘉庆刊本),中华书局,2009年,第4682—4683页。
② 徐元诰撰,王树民、沈长云点校:《国语集解》,中华书局,2002年,第406—407页。
③ 徐元诰撰,王树民、沈长云点校:《国语集解》,中华书局,2002年,第449—450页。
④ 〔西晋〕杜预注,〔唐〕孔颖达等正义:《春秋左传正义》卷十八,见〔清〕阮元:《十三经注疏》(清嘉庆刊本),中华书局,2009年,第3990页。
⑤ 徐元诰撰,王树民、沈长云点校:《国语集解》,中华书局,2002年,第451页。

复杂,除勇力之外,还要多方面考察。《国语·晋语》:

> 韩献子老,使公族穆子受事于朝,辞曰:"厉公之乱,无忌备公族,不能死。臣闻之曰:'无功庸者,不敢居高位。'今无忌智不能匡君,使至于难,仁不能救,勇不能死,敢辱君朝,以忝韩宗,请退也。"固辞不立。悼公闻之,曰:"难虽不能死君,而能让,不可不赏也。"使掌公族大夫。①
>
> 栾伯谓公族大夫,公曰:"荀家惇惠,荀会文敏,黡也果敢,无忌镇静,使兹四人者为之。夫膏粱之性难正也,故使惇惠者教之,使文明者导之,使果敢者谂之,使镇静者修之。惇惠者教之,则遍而不倦;文明者导之,则婉而入果敢者谂之,则过不隐;镇静者修之,则壹。使兹四人者为公族大夫。"②

晋国选任近卫军将领即公族大夫的贤能依据,有"智""勇""仁""惇惠""文敏""果敢""镇静"等,即从勇气、智慧到思想品德进行全面考察,并给出相应的考察结果。近卫军将领掌管精锐,辅佐君主,教育宗室子弟,身负重任,理应根据各方面的素质与才能选拔人才。这样对将领与士兵不同的贤能要求,表明近卫军的选任十分重要,故而采取以职求贤、因才而异的选拔措施。

---

① 徐元诰撰,王树民、沈长云点校:《国语集解》,中华书局,2002年,第412页。
② 徐元诰撰,王树民、沈长云点校:《国语集解》,中华书局,2002年,第407页。

参考文献

一、书籍

1. 〔北宋〕司马光编著，〔元〕胡三省音注，"标点资治通鉴小组"校点：《资治通鉴》，中华书局，1956年。

2. 〔东汉〕班固撰，〔唐〕颜师古注：《汉书》，中华书局，1962年。

3. 〔西汉〕司马迁：《史记》，中华书局，1982年。

4. 〔清〕王聘珍撰，王文锦点校：《大戴礼记解诂》，中华书局，1983年。

5. 〔宋〕洪兴祖：《楚辞补注》，中华书局，1983年。

6. 〔宋〕朱熹：《四书章句集注》，中华书局，1983年。

7. 〔汉〕高诱：《吕氏春秋》，上海书店，1986年。

8. 〔东汉〕曹操等：《孙子十家注》，上海书店，1986年。

9. 〔清〕王先谦：《荀子集解》，上海书店，1986年。

10. 〔清〕王先谦：《韩非子集解》，上海书店，1986年。

11. 〔清〕段玉裁：《说文解字段注》，成都古籍书店，1990年。

12. 何建章：《战国策注释》，中华书局，1992年。

13. 〔清〕陈立撰，吴则虞点校：《白虎通疏证》，中华书局，1994年。

14.〔清〕孙诒让撰，孙启治点校：《墨子间诂》，中华书局，2001年。

15.徐元诰撰，王树民、沈长云点校：《国语集解》，中华书局，2002年。

16.黎翔凤撰，梁运华整理：《管子校注》，中华书局，2004年。

17.〔北宋〕王钦若：《册府元龟》，凤凰出版社，2006年。

18.黄怀信：《逸周书校补注译》（修订本），三秦出版社，2006年。

19.〔东汉〕刘熙撰，〔清〕毕沅疏证，〔清〕王先谦补，祝敏彻、孙玉文点校：《释名疏证补》，中华书局，2008年。

20.〔魏〕王弼、〔东晋〕韩康伯注，〔唐〕孔颖达等正义：《周易正义》，见〔清〕阮元：《十三经注疏》（清嘉庆刊本），中华书局，2009年。

21.〔西汉〕孔安国传，〔唐〕孔颖达等正义：《尚书正义》，见〔清〕阮元：《十三经注疏》（清嘉庆刊本），中华书局，2009年。

22.〔西汉〕毛公传，〔东汉〕郑玄笺，〔唐〕孔颖达等正义：《毛诗正义》，见〔清〕阮元：《十三经注疏》（清嘉庆刊本），中华书局，2009年。

23.〔东汉〕郑玄注，〔唐〕贾公彦疏：《周礼注疏》，见〔清〕阮元：《十三经注疏》（清嘉庆刊本），中华书局，2009年。

24.〔东汉〕郑玄注，〔唐〕贾公彦疏：《仪礼注疏》，见〔清〕阮元：《十三经注疏》（清嘉庆刊本），中华书局，2009年。

25.〔东汉〕郑玄注，〔唐〕孔颖达等正义：《礼记正义》，见〔清〕阮元：《十三经注疏》（清嘉庆刊本），中华书局，2009年。

26.〔西晋〕杜预注，〔唐〕孔颖达等正义：《春秋左传正义》，见〔清〕阮元：《十三经注疏》（清嘉庆刊本），中华书局，2009年。

27.〔东晋〕范宁注，〔唐〕杨士勋疏：《春秋穀梁传注疏》，见〔清〕阮元：《十三经注疏》（清嘉庆刊本），中华书局，2009年。

28.〔三国·魏〕何晏等注，〔宋〕邢昺疏：《论语注疏》，见〔清〕阮元：《十三经注疏》（清嘉庆刊本），中华书局，2009年。

29.〔东汉〕赵岐注，〔宋〕孙奭疏：《孟子注疏》，见〔清〕阮元：《十三经注疏》（清嘉庆刊本），中华书局，2009年。

30. 〔清〕孙诒让撰，王文锦、陈玉霞点校：《周礼正义》，中华书局，2013年。

31. 杨伯峻：《春秋左传注》，中华书局，2016年。

32. 〔晋〕郭璞注，王贻樑、陈建敏校释：《穆天子传汇校集释》，中华书局，2019年。

33. 〔清〕王引之撰，魏鹏飞点校：《经义述闻》，中华书局，2021年。

34. 郭沫若：《金文丛考》，人民出版社，1954年。

35. 睡虎地秦墓竹简整理小组：《睡虎地秦墓竹简》，文物出版社，1978年。

36. 杨泓：《中国古代兵器论丛》，文物出版社，1985年。

37. 陈汉平：《西周册命制度研究》，学林出版社，1986年。

38. 翦伯赞：《先秦史》，北京大学出版社，1990年。

39. 陈恩林：《先秦军事制度研究》，吉林文史出版社，1991年。

40. 王利器：《吕氏春秋注疏》，巴蜀书社，2001年。

41. 杨宽：《西周史》，上海人民出版社，2003年。

42. 朱凤瀚：《商周家族形态研究》，天津古籍出版社，2004年。

43. 陈梦家：《西周铜器断代》，中华书局，2004年。

44. 刘源：《商周祭祖礼研究》，商务印书馆，2004年。

45. 尹盛平：《周原文化与西周文明》，江苏教育出版社，2005年。

46. 徐中舒著，徐亮工编：《川大史学·徐中舒卷》，四川大学出版社，2006年。

47. 〔日〕竹添光鸿：《左氏会笺》，巴蜀书社，2008年。

48. 容庚、张维持：《殷周青铜器通论》，中华书局，2012年。

49. 张政烺：《甲骨金文与商周史研究》，中华书局，2012年。

50. 许倬云：《西周史》（增补二版），生活·读书·新知三联书店，2012年。

51. 孙机：《中国古舆服论丛》，上海古籍出版社，2013年。

52. 陈颖飞：《楚官制与世族探研》，中西书局，2016年。

53. 唐兰：《西周青铜器铭文分代史征》，上海古籍出版社，2016 年。

54. 白于蓝：《简帛古书通假字大系》，福建人民出版社，2017 年。

55. 周伟：《中国兵器史稿》，中华书局，2018 年。

56. 童书业：《春秋左传研究》，上海人民出版社，2019 年。

二、论文

1. 王祥：《说虎臣与庸》，《考古》1960 年第 5 期。

2. 郭沫若：《弭叔簋及訇簋考释》，《文物》1960 年第 2 期。

3. 群力：《临淄齐国故城勘探纪要》，《文物》1972 年第 5 期。

4. 刘启益：《西周金文中所见的周王后妃》，《考古与文物》1980 年第 4 期。

5. 杨宽：《西周中央政权机构剖析》，《历史研究》1984 年第 1 期。

6. 韩连琪：《春秋战国时代的中央官制及其演变》，《文史哲》1985 年第 1 期。

7. 于嘉芳：《临淄殉马坑考辨》，《管子学刊》，1988 年第 1 期。

8. 张懋镕：《史密簋与西周乡遂制度——附论"周礼在齐"》，《文物》1991 年第 1 期。

9. 沈融：《〈尚书·顾命〉所列兵器名考》，《文博》1992 年第 1 期。

10. 李家浩：《贵将军虎节与辟大夫虎节——战国符节铭文研究之一》，《中国国家博物馆馆刊》，1993 年第 2 期。

11. 山东省文物考古研究所：《山东淄博市临淄区淄河店二号战国墓》，《考古》2000 年第 10 期。

12. 王子扬：《"毕公左徒"玉戈小考》，《中国文字研究》2008 年第 1 期。

13. 余少红：《师酉簋铭文中的"瓜"字》，《华夏考古》2009 年第

1 期。

14. 山东省文物考古研究所：《山东高青县陈庄西周遗址》，《考古》2010 年第 8 期。

15. 崔立军：《"虎贲"新解》，《中国史研究》2016 年第 2 期。

16. 李忠林：《春秋时期军赋制度改革辨析》，《南开学报》（哲学社会科学版）2019 年第 5 期。

17. 李世佳：《〈左传〉"东宫"补释》，《齐鲁学刊》2017 年第 3 期。

18. 郭沂：《从西周德论系统看殷周之变》，《中国社会科学》2020 年第 12 期。

19. 邹芙都：《楚系铭文综合研究》，四川大学博士学位论文，2004 年。

20. 聂卓慧：《三晋两周地区东周时期墓葬出土兵器研究》，吉林大学硕士学位论文，2014 年。

21. 李璐：《豫让形象演变研究》，曲阜师范大学硕士学位论文，2016 年。

22. 李沁芳：《晋国六卿研究》，吉林大学博士学位论文，2021 年。